교과서 개념 잡는 **20가지 문화재** 이야기

역사가
열리는
문화재
나무

사진출처 / 연합뉴스

01/ 천마총 금관 곡옥(9쪽) **02/** 백제 금동 대향로(15~17쪽) **03/** 무령왕릉 내부(19쪽) **04/** 금동 미륵보살 반가사유상(25, 28~29쪽) **05/** 첨성대(5, 30~31, 33~34쪽) **08/** 성덕 대왕 신종(50, 52쪽) **10/** 팔만대장경(61쪽) **11/** 부석사 무량수전(67쪽) **12/** 직지심체요절(74, 76쪽) **15/** 종묘 하마비(95쪽) **17/** 훈민정음 해례본(105쪽) 세종 동상(107쪽) **19/** 정조 초상화(118쪽)

교과서 개념 잡는 20가지 문화재 이야기

역사가 열리는
문화재 나무

ⓒ 글 우리누리 그림 김민승, 2012

1판 1쇄 발행 2012년 11월 22일 | **1판 3쇄 발행** 2018년 6월 15일

글 정민지 | **그림** 김민승

펴낸이 권준구 | **펴낸곳** (주)지학사
본부장 황홍규 | **편집장** 박미영 | **팀장** 김은영 | **편집** 문지연 전해인 김솔지
디자인 이혜리 | **제작** 김현정 이진형 강석준 | **마케팅** 송성만 손정빈 윤술옥
등록 2010년 1월 29일(제313-2010-24호) | **주소** 서울시 마포구 신촌로6길 5
전화 02.330.5297 | **팩스** 02.3141.4488 | **이메일** arbolbooks@naver.com
ISBN 978-89-94700-43-4 74800

잘못된 책은 구입하신 곳에서 바꿔 드립니다.

이 도서의 국립중앙도서관 출판예정도서목록(CIP)은 서지정보유통지원시스템 홈페이지(http://seoji.nl.go.kr)와 국가자료공동목록시스템(http://www.nl.go.kr/kolisnet)에서 이용하실 수 있습니다.(CIP제어번호: CIP2018017228)

KC **제조국** 대한민국   **사용연령** 8세 이상
KC마크는 이 제품이 공통안전기준에 적합하였음을 의미합니다.

 아르볼은 '나무'를 뜻하는 스페인어. 어린이들의 마음에 담긴 씨앗을 알찬 열매로 맺게 하는 나무가 되겠습니다.

홈페이지 www.jihak.co.kr/arb/book | **포스트** post.naver.com/arbolbooks

지식동화 5

교과서 개념 잡는 **20가지 문화재** 이야기

역사가 열리는 문화재 나무

글 정민지 그림 김민승

지학사아르볼

차례

01/ 천마총 금관 • 신라 금관이 왜 유명할까? 06

02/ 백제 금동 대향로 • 백제 금동 대향로는 어떻게 발견되었을까? 12

03/ 무령왕릉 • 무덤의 주인은 누구일까? 18

04/ 금동 미륵보살 반가사유상 • 반가사유상 이름에 담긴 뜻은? 24

05/ 첨성대 • 첨성대에 숨어 있는 숫자의 의미는 뭘까? 30

06/ 석가탑 • 석가탑을 왜 무영탑이라고 부를까? 36

07/ 석굴암 석굴 • 석굴 안에 커다란 불상을 어떻게 넣었을까? 42

08/ 성덕 대왕 신종 • 아름다운 소리의 비밀은 뭘까? 48

09/ 청자 상감운학문 매병 • 일본인은 왜 고려청자를 탐냈을까? 54

10/ 팔만대장경 • 고려 사람들은 왜 팔만대장경을 만들었을까? 60

11/ 부석사 무량수전 • 무량수전에 숨어 있는 곡선의 비밀은 뭘까?	66
12/ 직지심체요절 • 금속 활자로 만든 가장 오래된 책은?	72
13/ 경복궁 • 궁궐 안은 어떻게 생겼을까?	78
14/ 천상열차분야지도 각석 • 이성계는 왜 천문도를 갖고 싶어 했을까?	84
15/ 종묘 • 종묘는 무엇을 하던 곳일까?	90
16/ 자격루 • 시간을 알리는 자격루는 누가 만들었을까?	96
17/ 훈민정음 • 10월 9일이 무슨 날이지?	102
18/ 분청사기 조화어문 편병 • 바닷가 마을을 떠난 도공들은 무엇을 만들었을까?	108
19/ 수원 화성 • 성곽을 어떻게 쌓는 게 좋을까?	114
20/ 조선왕조실록 • 세상에서 가장 긴 역사 기록은 뭘까?	120

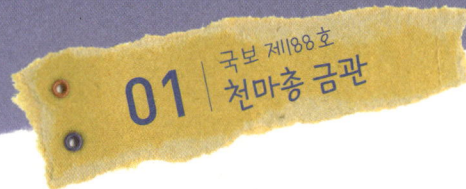
국보 제188호
천마총 금관

신라 금관이 왜 유명할까?

"뾰족뾰족 산 모양으로 만들면 되나?"

재우는 종이를 앞에 놓고 고민에 빠졌어요. 학교에서 하는 가장행렬에서 쓸 왕관을 만들어야 했거든요.

"너는 왜 외국 영화에서 본 모양만 생각하니? 금관의 나라, 신라의 후손이 말이야."

누나가 재우에게 핀잔을 주었어요.

"신라의 금관이 그렇게 유명해?"

"그럼! 전 세계에 지금까지 전해지는 순금 금관이 열 개 정도인데, 그 중 여섯 개가 신라의 고분에서 발견된 거야. 게다가 그 모습은 또 얼마나 화려하다고!"

누나의 말에 재우는 신라 금관의 모양을 본떠서 왕관을 만들기로 결정했어요. 금관에 관한 책을 찾아보다 왕족의 무덤에서 다른 많은 유물들과 함께 금관이 발견되었다는 사실을 알았어요. 특히 금관총, 천마총, 서봉총, 황남대총, 금령총에서 발견된 금관이 유명했는데, 사진으로 본 신라의 금관은 정말 눈부시게 아름다웠어요.

"누나, 난 천마총에서 발견된 금관이 제일 마음에 들어! 두꺼워서 튼튼해 보이고, 가장 화려한 것 같아. 그런데 금관은 신라 무덤에서만 나온 거야? 백제나 고구려 무덤에서는 발견되지 않았어?"

"응, 금관은 신라 고분에서만 발견되었어. 신라인은 금관뿐만 아니라 다양한 장신구도 만들었는데, 금을 다루는 기술이 아주 뛰어났대."

누나는 금관이 신라의 무덤 중에서도 4~6세기에 만들어진 왕족의 무덤에서만 발견됐다고 했어요. 그건 그 이후 불교가 나라의 종교가 된 것과 관련이 있대요. 왕족의 화려한 장신구보다 어려운 백성을 돌보는 게 먼저라고 생각했던 거지요.

재우는 누나와 함께 두꺼운 종이에 금색 종이를 붙여 신라 금관처럼 멋진 왕관을

만들었어요.

"와! 멋지다! 재우, 네가 가장행렬에서 왕을 맡았나 보네?"

완성된 왕관을 보고 누나가 흐뭇한 표정으로 물었어요.

"아니, 내가 좋아하는 애가 왕비 역할을 맡았거든. 그래서 내가 멋진 왕관을 만들어 준다고 했어. 약속대로 정말 최고의 왕관을 만든 것 같아. 다 누나 덕분이야, 히히!"

재우는 신이 나서 떠들었어요.

"뭐? 그럼 넌 무슨 역할인데?"

"선녀와 나무꾼에서 나무꾼 역을 맡았어."

"아유, 시시해!"

누나가 실망했다는 듯이 말했어요.

"시시하긴 뭐가 시시해! 나무꾼은 선녀랑 행복하게 살잖아. 난 나무꾼이 좋아. 사실은 눈만 빼고 다 가리는 나무 역을 맡고 싶었는데, 찬욱이한테 뺏겼어. 다음엔 꼭 내가 하고 말겠어."

"네 말을 들으니 나무가 되는 것도 재미있겠다! 아무도 못 알아볼 테니까."

누나는 양팔로 나뭇가지를 흉내 냈어요.

"아! 그러고 보니까 이 왕관 모양이 나무 같아. 왕족들이 쓰는 금관을 왜 나무 모양으로 만들었을까?"

재우의 말에 지금까지 척척 대답하던 누나도 고개를 갸웃거렸어요.
"글쎄? 왕들도 너처럼 나무가 되고 싶었나?"

● 금관은 왜 나무 모양일까요?

　우리 조상들은 나무가 신비한 힘을 가지고 있다고 생각했어요. 하늘을 향해 자라나는 나무가 무한한 힘을 가진 하늘과 사람을 연결해 준다고도 생각했지요. 그래서 신라인들은 왕족의 금관을 나무 모양으로 만들었어요. 금관에 열매처럼 주렁주렁 옥구슬도 달았고요. 반달 모양의 옥구슬인 곡옥은 건강과 장수를 뜻한답니다.

● 금관 만드는 과정 살펴보기

　순금으로 만든 금관이 드문 것은 순금을 다루기가 어렵기 때문이에요. 하지만 신라인들은 숙련된 기술로 순금을 자유롭게 다루어 세계적으로도 보기 드문 장신구들을 많이 만들어 냈지요.

　금관을 만드는 과정을 살펴보면, 우선 금을 두드려 종이처럼 얇게 펴요. 그리고 원하는 모양으로 오려 낸 다음, 정교하게 다듬고 곡옥 등의 장식을 달아 금관을 완성했답니다.

● 천마총은 누구의 무덤일까요?

　천마총은 크기나 발견된 유물로 보아, 5~6세기경에 만들어진 고분으로 여겨져요. 신라 제22대 왕인 지증왕의 무덤이라는 설도 있답니다. 천마총이라는 이름을 얻게 된 것은, 유물 중에 말이 하늘로 날아오르는 모습을 그린 '천마도'가 있었기 때문이에요. 천마총은 다행히 도굴꾼의 손에 닿지 않아 귀중한 유물들이 그대로 전해지고 있어요. 도굴꾼이란 몰래 고분을 파서 유물을 훔치는 사람을 뜻하지요.

● 금관은 언제 썼을까요?

　금관은 그 무게가 1킬로그램을 훌쩍 넘어요. 이렇게 무거운 것을 항상 머리에 쓰고 다니지는 못했을 거예요. 왕들은 살아생전에는 금장식이 달린 비단 모자를 쓰고, 금관은 죽은 뒤 **무덤에** 들어갈 때에야 썼을 것으로 알려져 있어요.

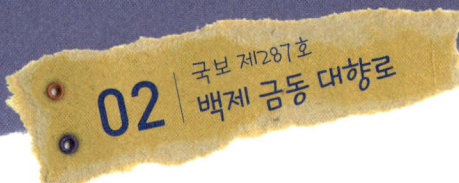

백제 금동 대향로는
어떻게 발견되었을까?

"이곳에 주차장을 만들 계획이에요. 관광객이 차를 세울 곳이 부족해서요."

문화재를 관리하는 직원이 호기심 많은 농부에게 말했어요.

백제는 남아 있는 자료가 많지 않아 잃어버린 왕국이라고 불리기도 해요. 그런 백제의 왕족 무덤이 모여 있는 부여 능산리에는 사람들이 많이 찾아왔어요.

"잘됐네! 저쪽 논에 주차장을 만들면 관광객이 아주 편하겠어!"

근처 마을에 사는 농부는 때마침 겨울이라 일거리도 없고 해서 날마다 공사 현장에 와서 일이 어찌 진행되는지 구경했어요.

"아니 왜 빨리빨리 공사하지 않고 늑장을 부리는 거요?"

호기심 많은 농부는 팔짱을 끼고 따지듯이 물었어요.

"왕릉과 가까운 곳이라 혹시나 유물이 묻혀 있을 수도 있고, 또 잘못해서 왕릉을 손상시킬 수도 있기 때문에 신중하게 조사해야 합니다."

문화재 관리 직원은 손을 호호 불어 가며 현장 사진도 찍고 수첩에 뭔가 적기도 했어요.

"하긴! 땅은 말이 없는 법이니까, 어떤 보물을 품고 있는지 모를 일이지."

그렇게 또 며칠이 흘렀어요. 주차장으로 쓰려던 땅속에서 백제 시대의 기와들이 발견되었어요. 이제 그 땅은 단순한 논이 아니라, 백제의 화려한 문화를 품고 있는 역사의 현장이 되었지요.

"조심조심! 망가지지 않도록 조심해서 다루게. 1400년 만에 세상에 드러나는 귀하신 몸들이라고. 그 긴 세월을 땅속에서 묵묵히 견뎠다니."

문화재를 발굴하는 현장에는 긴장감이 감돌았어요. 그곳에서는 기대보다 많은 유물이 발

견되었어요. 발굴된 유물들로 봐서 왕실의 무덤을 관리하던 절이 있던 곳으로 여겨졌지요.

"논이 있던 곳이라 그런지 물이 질척질척하네!"

문화재를 발굴하던 사람은 질척거리는 흙을 걷어 내다가 뭔가 예사롭지 않은 것을 발견했어요.

"와! 대단해! 정말 대단해!"

발굴 작업을 하던 사람은 너무 가슴이 벅찬 나머지 말을 잇지 못했어요.

그가 눈을 떼지 못하는 곳에는 진흙 속에서도 아름다움을 뽐내는 '백제 금동 대향로'가 있었어요. 백제의 놀라운 금속 공예 기술이 빚어낸 향로의 발견으로 수많은 기자들이 몰려들었어요.

"이곳에 이런 보물이 있을 거라고 짐작하신 적이 있나요?"

기자가 호기심 많은 농부에게도 마이크를 내밀었어요.

"아유, 상상도 못했죠! 논 밑에 이렇게 귀한 물건이 숨어 있을 줄은 정말 몰랐어요! 그런데요 기자님, 어떻게 향로가 1400년 동안 썩지 않고 그대로 남아 있을 수 있죠?"

"그, 글쎄요."

농부의 갑작스러운 질문에 기자는 당황해서 얼굴이 빨개졌고, 이 모습을 지켜보던 문화재 관리 직원은 웃음을 터뜨렸어요.

오랜 세월 향로를 지켜 준 것은 뭘까요?

백제 금동 대향로는 1400여 년의 세월을 땅속에 묻혀 있었어요. 그런데 녹이 슬거나 썩지 않고, 거의 온전한 모습으로 발견되었지요. 금동 대향로가 오랜 세월을 버틸 수 있었던 것은 공기가 통하지 않는 진흙에 싸여 있었기 때문이에요. 논 아래에 있던 진흙이 향로를 감싸 부식을 막고 충격으로부터 보호했답니다.

향로와 함께 발굴된 것들!

부여 능산리 고분군에는 왕족의 무덤으로 보이는 7기의 무덤이 있어요. '기'는 무덤, 비석, 탑 등을 세는 단위예요. 하지만 도굴꾼이 대부분의 유물을 훔쳐 가서 지금까지 전해지는 유물은 그리 많지 않답니다. 백제의 기록과 유물이 턱없이 부족한 탓에 도굴꾼에게 유물을 빼앗긴 것은 더욱 화나고 안타까운 일일 수밖에 없지요. 그런데 1993년 12월 12일 반가운 일이 일어났어요. 고분군 옆에 있던 논에서 450여 점의 유물이 발견된 것이에요. 향로를 비롯해서 팔찌, 구슬, 사리감, 기와 등 귀중한 백제의 유물이 발견되었답니다.

● 백제 금동 대향로는 어떤 용도로 사용되었을까요?

　백제 금동 대향로는 '백제' 시대에 '동'으로 만든 후 '금'을 입힌 '커다란 향로'를 말해요. 보통 제사나 종교적인 행사를 치를 때 향을 피우는데, 향로는 향을 피우는 데 사용하는 자그마한 화로예요. 백제 금동 대향로는 왕실의 무덤을 관리하던 절터에서 발견된 것으로, 왕족의 영혼을 달래기 위해서 사용되었던 것으로 여겨져요.

● 백제 금동 대향로는 얼마나 큰가요?

　일반 향로는 한 뼘 정도 크기예요. 그런데 백제 금동 대향로는 보통의 향로보다 세 배나 크지요. 무게가 무려 11.8킬로그램이나 돼요. 백제 금동 대향로는 다른 곳에서 찾아볼 수 없는 독특하고 화려한 모양이라 예술적인 가치가 아주 높아요.
　용 모양이 받침대 역할을 하고 있고, 몸체는 아름다운 연꽃 모양으로 되어 있어요. 꼭대기에는 봉황이 근엄하게 날개를 펼치고 있답니다.

03 | 사적 제13호
무령왕릉

무덤의 주인은 누구일까?

몽이는 책을 읽는 것을 별로 안 좋아해요. 책만 펼치면 눈이 스르륵 감기지요.

"아휴, 이렇게 두꺼운 책을 언제 다 읽어?"

내일까지 우리나라 왕에 관한 책을 읽고 독후감을 써야 하는데, 몽이는 아직 시작도 못했어요. 그나마 그림은 볼 만했지만 글자는 눈에 들어오지 않았어요. 몽이는 마음을 단단히 먹고 책을 펼쳤어요. 첫 장에는 근엄한 모습의 남자가 그려져 있었어요.

"책을 읽는 게 무척 힘든 모양이구나?"

그림 속 남자가 몽이에게 말을 걸었어요.

"어?"

몽이는 믿어지지 않아서 눈을 비벼 보았어요.

"이리 들어오렴. 나도 혼자 있는 게 너무 지루했거든."

남자가 몽이의 손을 휙 잡아당겼어요. 몽이는 어느새 그림 속으로 들어왔어요.

"안녕하세요!"

몽이는 넙죽 인사부터 했어요.

"그래, 예의가 바르구나! 나는 백제 제25대 왕인 무령왕이란다. 이 무덤의 주인이기도 하지. 내 무덤에 온 것을 환영한다!"

가까이서 보니 무령왕은 그림으로 볼 때보다 더 잘생긴 얼굴이었어요. 요즘 한창 인기 있는 한류 스타처럼 말이에요.

무령왕은 몽이에게 무덤 안을 안내해 주었어요.

"우리 백제인들은 건축 기술이 뛰어났어. 내 무덤만 봐도 알 수 있지. 여러 가지 모양의 벽돌로 안정감 있게 아치형 무덤을 만들었어."

"어? 여기 움푹 파인 곳은 뭐예요?"

몽이가 물었어요.

"아! 그건 감실이라고 해. 불을 밝히는 등잔을 놓을 수 있도록 곳곳에 만들어 놨지. 감실을 창문 느낌으로 만들어서 땅속인데도 별로 답답한 느낌이 들지 않아."

그때 몽이의 발에 네모난 돌이 툭 걸렸어요.

"이 돌은 뭐예요? 한문으로 뭐라고 쓰여 있어요."

"지석이야. 땅의 신에게 무덤으로 쓸 땅을 산다는 내용이 적혀 있어. 자세하게는 백제의 사마왕, 그러니까 내가 523년 5월 7일에 죽어서 같은 해 8월 12일에 이곳에 묻혔다는 내용이지."

"아!"

몽이는 죽은 사람과 이야기하고 있다는 생각에 조금 오싹해

졌지만, 무령왕의 따뜻한 미소에 마음이 놓였어요.

"와! 돌로 만든 인형이다!"

몽이는 지석 뒤에 있는 것을 가리키며 말했어요.

"그건 석수란다!"

"석수가 뭐예요? 여기 왜 있는 거예요?"

몽이가 무령왕에게 물어보았어요.

"그건……."

무령왕이 설명을 하려는 찰나였어요.

"몽아! 밥 먹어라!"

느닷없이 엄마의 목소리가 무덤 안에 쩌렁쩌렁 울렸어요.

"그만 자고 일어나! 애가 책만 붙잡으면 잠을 자요!"

엄마가 몽이를 흔들어 깨웠어요. 그 바람에 몽이는 무령왕에게 인사도 못하고 꿈에서 깨어났어요.

"엄마 때문에 대답을 못 들었잖아요!"

몽이는 눈을 비비며 엄마에게 투덜거렸어요.

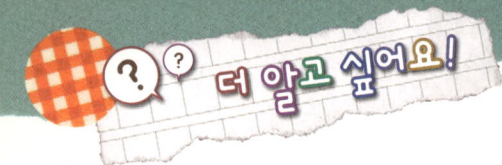

● 석수가 뭐예요?

　석수는 돌짐승을 말해요. 무덤을 지키며 나쁜 귀신을 쫓으라고 무덤 주위에 세워 두었어요. 무령왕릉 입구에는 지석이 있고, 그 뒤에 석수가 있어요.

　무령왕릉 석수는 국보 제162호로, 우리나라에서 처음으로 발견된 석수예요. 머리에 쇠로 된 뿔이 달려 있는 상상의 동물이지요.

● 무덤의 주인이 누구인지 어떻게 알았을까요?

　공주 송산리에는 백제 왕실의 무덤이 모여 있어요. 하지만 안타깝게도 대부분 도굴되었어요. 그런데 6호분을 고치는 작업 중에 도굴되지 않은 새로운 고분을 발견하였어요. 그것이 바로 무령왕릉이에요. 무령왕릉 입구에 왕과 왕비의 지석이 세워져 있기 때문에 누구의 무덤인지 정확하게 알 수 있었어요. 삼국 시대 왕의 무덤 중 최초로 무덤의 주인이 밝혀지는 순간이었지요.

● 무령왕은 어떤 왕이었나요?

　무령왕은 동성왕의 뒤를 이은 백제 제25대 왕이에요. 동성왕을 살해한 백가 세력을 누르고 왕의 힘을 키우려고 노력했어요. 또 고구려를 공격해서 큰 승리를 거두었고, 장령성을 쌓아 적군의 침입에 대비했어요. 무령왕은 중국, 신라, 가야와 교류하여 상업을 발달시키고 고구려를 견제했어요. 위기에 처한 백제를 구해 내고, 가난한 백성들에게 곡식을 나눠 주는 등 어진 정치로 많은 사람들에게 존경받는 왕이었지요. 뛰어난 외모를 가지고 있었다고도 전해지고 있어요.

● 무령왕릉에서는 어떤 유물들이 나왔을까요?

　무령왕릉에서는 108종, 2,906점의 유물이 나왔어요. 그중에 16점이나 국보로 지정될 만큼 무령왕릉의 유물은 백제의 찬란한 역사를 전하는 소중한 문화유산이에요. 지석과 석수 외에도 금관을 비롯해 금팔찌, 금귀고리, 뒤꽂이 등이 나왔어요. 그 밖에도 왕비의 베개와 은팔찌, 왕의 발받침, 청동 거울 등이 함께 발견되었답니다.

04 | 국보 제83호
금동 미륵보살 반가사유상

반가사유상 이름에 담긴 뜻은?

소영이는 의자에 앉아서 오른쪽 다리를 왼쪽 허벅다리에 올린 채 깊은 생각에 빠졌어요.

"어떻게 하면 좋을까?"

소영이는 사뭇 진지한 표정으로 턱을 괴었어요.

"어머! 우리 딸 모습이 꼭 금동 미륵보살 반가사유상 같네? 무슨 심각한 고민이라도 있니?"

엄마가 시장바구니를 내려놓으며 말했어요.

"금동 미륵, 뭐라고? 뭔 이름이 그렇게 길어?"

"금동 미륵보살 반가사유상! 알고 보면 간단해. '금동'은 금을 입힌 구리를 말하고, '미륵보살 반가사유상'은 미륵보살이 너처럼 반가부좌를 하고 앉아서 사유한다, 즉 생각한다는 뜻이야."

"미륵보살도 나처럼 고민이 많았구나. 그런데 엄마, 미륵보살은 누구야?"
"미륵보살은 불교의 대표적 보살이야. 불교에서는 석가모니불에 이어 미륵불이 나타나서 사람들을 구해 줄 거라고 생각해. 보살은 부처가 되려고 수행하는 사람을 말하는데, 미륵보살도 미륵불이 될 먼 미래를 생각하며 명상에 잠겨 있는 거야."
"깨달음을 얻으려고 생각에 잠긴 모습이 나랑 같네!"

"그래, 특히 반가사유상은 석가모니가 출가를 하기 전에 인생에 대해서 고민하는 모습이야. 석가모니는 장차 나라를 이끌어야 할 왕자이기도 했고, 아내도 있었거든. 결국 속세의 인연을 버리고 깨달음을 얻어서 부처가 됐어. 석가모니로 인해 불교가 만들어진 거야. 그런데 우리 딸은 뭐가 그렇게 고민이야?"

"숙제를 할까, 그냥 내일 학교에 가서 혼나고 말까 고민하던 중이었어. 그게 매일매일 고민이라니까."

소영이는 한숨을 푹 내쉬었어요. 엄마는 소영이보다 더 큰 소리로 한숨을 내쉬었지요.

"엄마가 정말 너 때문에 절에 들어가서 도를 닦아야겠다!"

엄마는 절 대신 부엌으로 자리를 옮겼어요. 그때, 너무 열심히 고민했는지 소영이의 배에서 꼬르륵 소리가 났어요.

"엄마, 배고파! 밥 줘!"

소영이의 말에 엄마는 식탁 의자에 미륵보살 반가사유상처럼 앉아 오른손으로 턱을 괴었어요.

"엄마, 뭐해?"

"소영이 밥을 줘야 하나, 말아야 하나 고민하는 중이야."

"히히! 알았어, 엄마. 숙제 할게."

엄마는 언제나처럼 맛있는 저녁을 차려 주었어요. 소영이는 엄마가 저

녁상을 준비하는 동안 숙제를 다 끝
냈지요. 엄마는 맛있게 밥 먹는 소
영이를 부드럽게 바라보았어요.

"숙제도 잘하고, 밥도 잘 먹는 우
리 딸이 제일 예뻐! 엄마한테는
소영이가 국보보다 소중한 존재
야."

"정말? 그런데 아까 말한 금동 미륵보살 반가사유상도 국보야?"
소영이는 밥을 오물거리며 물었어요.

"그래, 맞아. 국보 제83호야. 부드러운 곡선과 온화한 미소가 사람들
의 마음을 평화롭게 해 주지. 참, 일본에도 우리 국보 제83호와 무척
닮은 반가사유상이 있어. 마치 쌍둥이처럼 말이야."

"왜? 왜 닮았어?"

"그러게? 왜 그럴까?"

소영이의 질문에 엄마도 이유가 궁금해졌답니다.

● **우리 금동 미륵보살 반가사유상과 꼭 닮은 것이 있다고요?**

일본의 국보 제1호인 미륵보살 반가사유상은 우리나라 국보 제83호 금동 미륵보살 반가사유상하고 무척 닮았어요. 그 모양만 봐도 우리나라에서 전해졌다는 것을 짐작할 수 있지요. 게다가 일본의 미륵보살 반가사유상은 적송이라는 나무로 만들어졌는데, 적송은 일본에는 없는 우리나라에서만 자라는 나무예요. 하지만 일본인들은 미륵보살 반가사유상이 우리나라에서 전해졌다는 것을 밝히지 않는답니다.

● **금동 미륵보살 반가사유상은 우리나라 문화 사절!**

국보 제83호 금동 미륵보살 반가사유상은 우리나라 문화재 중에서도 가장 귀한 것으로 꼽혀요. 문화재 하나하나가 모두 소중하지만, 금동 미륵보살 반가사유상은 특히 뛰어난 예술성으로 우리 문화 사절 역할을 톡톡히 하고 있어요. 한국을 찾은 관광객들의 찬사를 자아내며, 외국 유명 박물관에 한국을 대표하는 문화재로 전시되기도 했거든요. 1998년 미국 메트로폴리탄 박물관에 전시될 당시 금동 미륵보살 반가사유상은 무려 300억에 달하는 보험에 가입했답니다.

● **어디에 가면 금동 미륵보살 반가사유상을 볼 수 있나요?**

　　우리나라에는 여러 개의 금동 미륵보살 반가사유상이 있어요. 그중에서 국보 제83호가 으뜸으로 꼽히지요. 국립중앙박물관에 가면 국보 제83호 금동 미륵보살 반가사유상과 국보 제78호인 금동 미륵보살 반가상을 볼 수 있어요. 국립중앙박물관을 찾을 일이 있다면, 꼭 두 개의 금동 미륵보살 반가사유상을 챙겨 보세요.

● **국보 제83호 금동 미륵보살 반가사유상은 어떻게 생겼나요?**

　　우리나라 문화재를 대표할 만큼 아름다운 자태를 뽐내고 있어요. 미소를 머금은 듯 신비로운 얼굴은 깊은 생각에 잠겨 있는 모습을 잘 나타내고 있지요. 서양에 로댕의 '생각하는 사람'이 있다면 동양에는 금동 미륵보살 반가사유상이 있어요.

　　또, 자연스럽고 부드럽게 표현한 몸체는 안정감을 주고 있어요. 다리 아래로 흘러내린 천은 아름답고 화려하게 표현되었어요. 마치 진짜 천을 늘어뜨린 것처럼 섬세하지요.

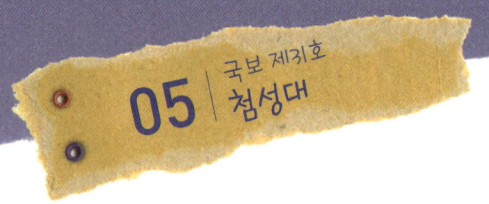

05 국보 제31호
첨성대

첨성대에 숨어 있는 숫자의 의미는 뭘까?

정수는 호성이를 싫어해요. 호성이도 정수를 싫어하고요. 둘은 성격이 참 달라요. 정수는 무슨 일이든 정확하고 논리적인 것을 좋아해요. 반면 호성이는 정을 중요하게 생각해요. 우정, 사랑, 의리 같은 감정들 말이에요. 이런 둘이 수업 시간에 같은 조가 되었어요.

"선생님! 저 다른 조로 옮기면 안 돼요? 호성이랑 싸울 것 같아서 그래요."

정수가 손을 번쩍 들고 말했어요.

"선생님! 저도 정수가 다른 조로 가는 것에 찬성해요. 정수같이 친구한테 못되게 구는 애랑은 같은 조

하기 싫어요."

둘은 서로를 노려보았어요.

"그냥 그대로 해."

선생님은 정수와 호성이의 투정을 들어주지 않았어요. 조별 과제는 문화재를 찰흙으로 만드는 것이었어요. 정수, 호성이네 조 아이들은 어떤 문화재를 만들지 의견을 나누었어요.

"나는 다보탑!"

"그건 너무 어려워. 그냥 간단하게 고인돌 만들자!"

아이들의 의견은 쉽게 하나로 모아지지 않았어요.

"너희들도 우리 조잖아! 뭘 만들고 싶은지 말해 봐."

한 아이가 정수와 호성이에게 물었어요.

"첨성대!"

정수와 호성이가 동시에 대답했어요.

"왜?"

질문을 했던 아이가 다시 물었어요.

"첨성대는 우리 조상의 뛰어난 과학 정신이 만들어 낸 훌륭한

문화재야!"

정수가 대답했어요.

"맞아! 밤하늘의 별을 보는 일은 지금이나 옛날이나 무척 신비롭고 낭만적인 일이야. 정말 대단하지 않니? 그 옛날 우리 조상들이 밤하늘의 별을 관찰하고 연구했다는 게 말이야."

정수에 이어 호성이가 말했어요. 둘은 자기가 첨성대를 좋아하는 이유에 대해서 이야기를 주고받았어요. 언제 서로 눈을 흘겼냐는 듯이 다정하게 말이에요.

"너, 첨성대에 숨어 있는 숫자들의 의미 알아?"

정수가 호성이에게 물었어요.

"당연히 알지! 첨성대를 쌓은 돌은 모두 362개야. 양력으로는 일 년이 365일이지만, 음력으로는 362일이잖아. 362개의 돌은 일 년을 이루는 날과 같아. 또 창문을 사이에 두고 위아래로 각각 12개의 층으로 쌓여 있어. 이건 열두 달을 뜻해. 마지막으로 첨성대 창문의 위아래 층을 합하면 24개! 근데 이건 무슨 뜻인지 모르겠어."

"그건 24절기를 말해. 태양의 위치에 따라 일 년을 스물넷으로 나누는 것을 24절기라고 하지. 또 창문이 차지하고 있는 3개의 층까지 합하면 첨성대는 27층으로 되어 있어. 이건 첨성대가 세워질 때 나라를 다스리던 선덕 여왕을 뜻해. 선덕 여왕이 신라 제27대 왕이었거든."
"아, 그렇구나!"
호성이는 정수의 말에 고개를 끄덕였어요.
"우리 첨성대 만들자!"
호성이와 정수는 한마음이 되어 아이들에게 말했어요. 아이들도 호성이와 정수의 얘기를 듣고 나니 첨성대가 좋아졌어요. 모두 힘을 모아 벽돌 모양으로 만든 찰흙을 차곡차곡 쌓아서 멋진 첨성대를 완성했어요.
"호성아! 정수아! 그런데 이 첨성대에서 어떻게 별을 관찰한 거야?"
한 아이가 물었어요. 하지만 그건 호성이와 정수도 알지 못했어요.
"글쎄?"
둘은 똑같이 머리를 긁적거렸답니다.

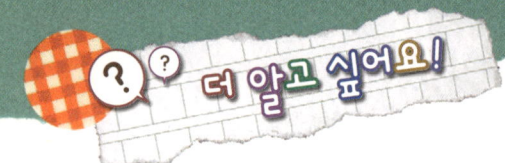

🔵 첨성대에서 별을 어떻게 관찰했을까요?

첨성대는 중간에 있는 창 아래까지 자갈 섞인 흙이 채워져 있어요. 신라인은 창에 사다리를 대고 안으로 들어갔어요. 그곳에서 다시 안에 있는 사다리를 타고 꼭대기에 올라가, 관측기구를 이용하여 하늘을 살펴보았어요.

🔵 세계에서 가장 오래된 천문대!

현재 남아 있는 천문대 중 가장 오래된 것은 경주에 있는 국보 제31호 '첨성대'예요. 다른 나라에 첨성대보다 더 먼저 만들어졌다는 기록을 가진 천문대가 있지만, 지금은 사라졌거나 관측기구를 사용하지 않았던 것으로 보여요. 첨성대는 1400여 년 동안 보존되었어요. 이는 첨성대 안을 흙으로 채운 안정감 있는 구조 덕분이에요.

● 신라인만 별을 관측했나요?

첨성대는 현재까지 남아서 신라인이 별을 관측했다는 사실을 증명하고 있어요. 하지만 신라인만 별을 관측한 것은 아니에요. 백제나 고구려에도 별을 관측하는 곳이 존재했다는 기록이 있지요. 관측 기술은 조선 시대에 와서 더욱 발달했어요. 천재 발명가 장영실이 혼천의를 만들어 더욱 정확하게 하늘을 관찰했어요. 혼천의는 별자리의 움직임에 맞게, 하루에 한 바퀴씩 돌도록 만들어진 천체 관측기구예요.

● 첨성대를 왜 만들었을까요?

대부분이 농사를 짓던 시절에는 하늘의 변화가 백성의 가장 큰 관심 대상이었어요. 비가 얼마나 내릴까? 가뭄이 얼마 동안 계속될까? 언제부터 추워질까? 이런 것들이 농사 시기를 결정하는 데 큰 영향을 주었으니까요. 가뭄이 들거나 홍수가 나면 나라를 다스리는 왕의 덕이 부족하기 때문이라고 생각했어요. 그래서 왕은 더욱 하늘의 뜻을 미리 알기 위해서 밤낮으로 하늘을 관측하려고 애를 썼지요. 별을 보고 점을 치는 점성술과 별의 흐름에 대한 과학적인 관측, 이 두 가지를 위해 첨성대를 만들었다고 할 수 있어요.

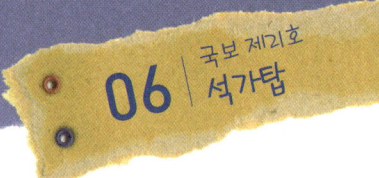

06 국보 제21호 석가탑

석가탑을 왜 무영탑이라고 부를까?

수호랑 수민이는 늦잠 자는 아빠를 흔들어 깨웠어요.
"아빠, 일요일에 놀러 가기로 했잖아요! 빨리 일어나요!"
아빠는 남매의 성화에 못 이겨 억지로 눈을 떴어요.
"하~암! 다음부터는 약속을 좀 더 신중하게 해야겠다. 일요일은 너무 피곤해! 그래, 어딜 가고 싶은데?"

아빠는 기지개를 켜며 말했어요.
"불국사!"
"놀이공원!"
수호와 수민이는 생각이 달랐어요. 수호는 불국사에 있는 석가탑이 보고 싶었어요. 수민이는

놀이공원에서 놀이 기구를 타고 싶었지요. 둘의 의견은 쉽게 좁혀지지 않았어요.

"석가탑에 얽힌 사랑 이야기를 만들어서 청소년 영화제에 낼 거란 말이야."

"오빠는 아직 6학년이야! 오빠 같은 초등학생이 무슨 청소년 영화제에 영화를 낸다고 그래!"

"대작을 만들려면 시간이 오래 걸리잖아. 지금부터 이야기를 만들어야 한다고. 그러기 위해서는 무영탑의 전설이 전해지는 석가탑을 봐야 해. 전설을 현재의 이야기로 바꿔서 시나리오를 쓸 거야. 너도 지나가는 사람으로 출연시켜 줄게. 오빠 좀 도와줘라!"

수민이는 오빠의 말을 듣다 보니 그저 놀기 위해서 놀이공원에 가자고 떼쓰는 게 너무 철없게 느껴졌어요. 그래서 괜히 트집을 잡았어요.

"그럼 오빠, 무영탑이 뭔지 알아?"

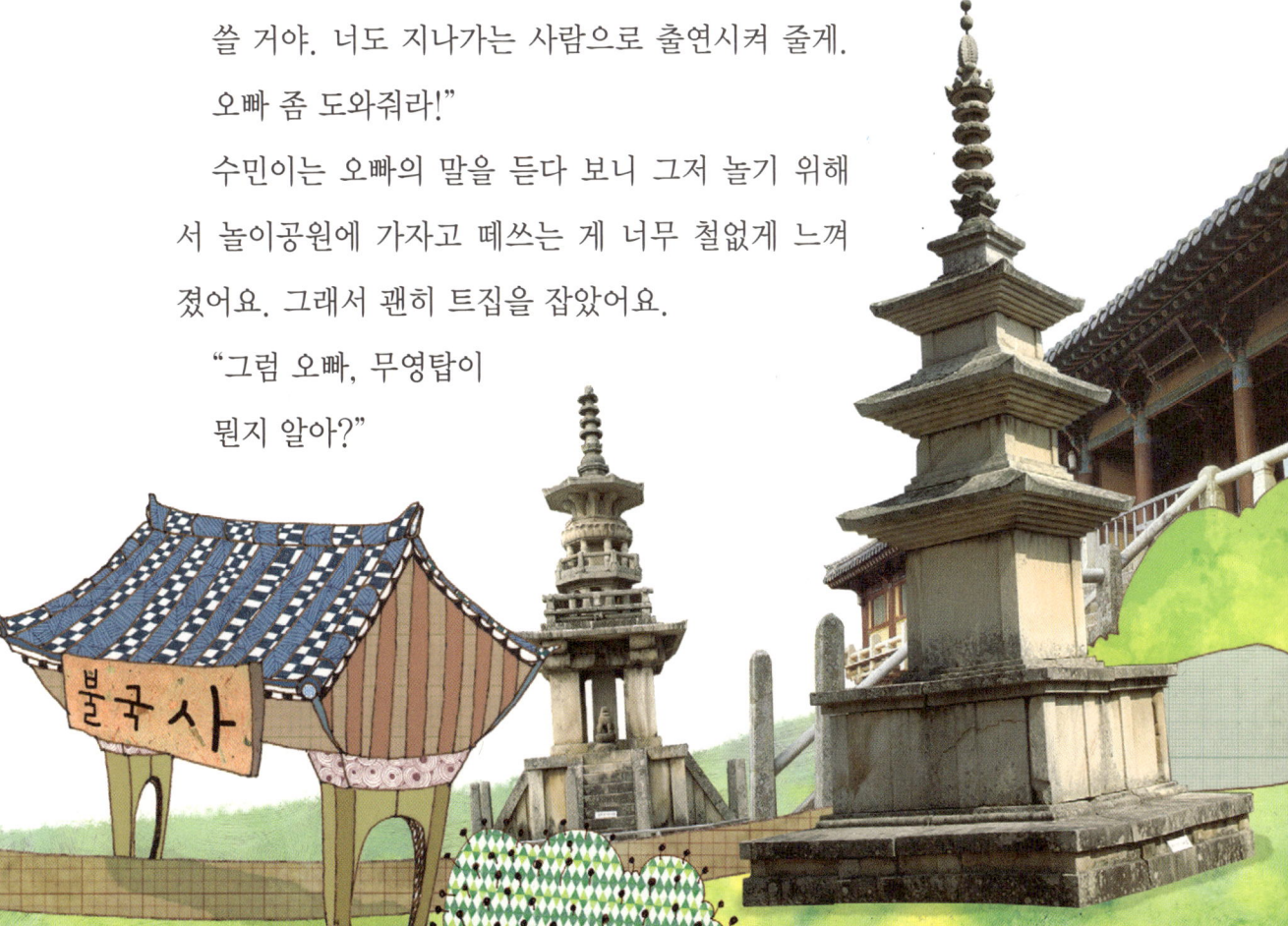

"알지! 그림자가 없다는 뜻이잖아. 석가탑의 다른 이름이기도 하고. 무영탑에 얽힌 전설도 있는데, 들려줄까?"
"응!"

"아사달과 아사녀는 부부였어. 아사달은 탑을 만드는 사람이었는데, 불국사에 탑을 만들러 가서 오래도록 돌아오지 못했어. 아사녀는 머나먼 길을 걸어 남편이 있는 지금의 경주로 갔지. 불국사의 스님은 아사달이 아사녀를 만나면 신성한 탑을 만드는 데에 방해가 될까 봐 둘을 만나지 못하게 했어. 스님은 아사녀에게 말했지. 탑이 완성되면 연못에 탑의 그림자가 비칠 거라고. 아사녀는 그 말을 듣고 며칠 동안 연못가에서 기다렸어. 하지만 아무리 기다려도 탑의 그림자는 비치지 않았고, 기다리다 지친 아사녀는 결국 연못에 빠져 죽고 말았어. 이렇게 해서 석가탑이 무영탑이라는 이름을 얻게 된 거야."
"힝, 너무 슬프다."

남매의 대화를 듣고 있던 아빠가 보태어 이야기했어요.

"그런데 역사 기록을 보면 부부로 알려진 아사달과 아사녀가 사실은 남매였다는구나."

"정말요? 오빠랑 저처럼요?"

이내 수민이는 결심한 듯 외쳤어요.

"오빠, 석가탑 보러 가자!"

수민이네 가족은 불국사에 도착했어요. 불국사 대웅전 앞에는 사진에서만 보던 석가탑과 다보탑이 우아하면서도 장엄하게 서 있었어요.

"불교의 탑은 석가모니의 사리를 모시기 위해 만들기 시작했어. 사리는 부처나 성자를 화장했을 때 나오는 구슬 모양의 유골을 말해."

수호가 석가탑을 바라보며 말했어요. 그러고는 석가탑을 중심으로 불국사 곳곳을 사진기에 담았어요.

"오빠! 석가탑 속에도 사리가 들어 있어?"

수민이가 물었어요.

"사리함 말고도 뭔가 아주 귀한 것이 나왔다고 했는데, 그게 뭐더라?"

수호는 고개를 갸웃했어요.

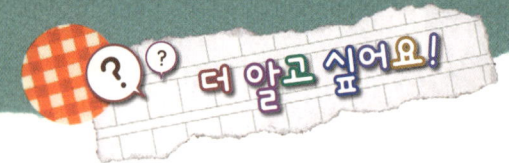

● 석가탑 속에는 뭐가 들어 있었을까요?

석가탑은 통일 신라 시대에 만들어진 석탑이에요. 정식 이름은 '경주 불국사 삼층 석탑'이지요. 석가탑의 맨 윗부분이 없어져서 같은 시기에 만들어진 남원 실상사의 삼층 석탑을 본떠서 만들었어요. 그런데 1966년 석가탑의 위쪽에 누군가 건드린 흔적이 발견되었어요. 도굴 사실을 확인하기 위해 석가탑을 해체했는데, 그 안에는 상상도 못했던 귀중한 문화유산이 들어 있었어요. 사리함과 함께 '무구 정광 대다라니경'이 나온 거예요. 무구 정광 대다라니경은 세계에서 가장 오래된 목판본이에요. 우리나라의 앞선 인쇄술을 보여 주는 중요한 문화재랍니다.

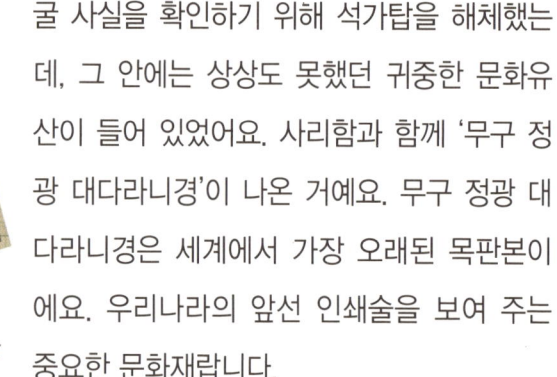

● 세계문화유산에 지정된 불국사

석가탑이 있는 불국사는 유네스코가 인정한 세계문화유산에 지정되었어요. 약 250년에 걸쳐 매우 정성껏 지어졌지요. 하지만 임진왜란 때 왜군이 불국사에 불을 질러 나무로 만들어진 건물들이 모두 타 버리고 말았어요. 다행히 돌로 만들어진 부분들은 타지 않고 남았지요. 그 후 남은 부분을 토대로 불국사를 재건했어요. 불국사에는 다른 절과는 달리 여러 개의 다리가 있어요. 청운교, 백운교, 칠보교, 연화교는 아름다운 모습으로 부처의 세계로 가는 길을 안내하고 있답니다.

● 석가탑과 다보탑은 왜 마주 보고 있을까요?

대웅전 앞에 놓인 석가탑과 다보탑은 서로 다른 아름다움을 지니고 있어요. 석가탑은 단아하면서도 신비로운, 통일 신라 시대 전형적인 석탑의 아름다움을 뽐내요. 반면, 다보탑은 독창적이며 화려한 아름다움을 자랑해요. 석가탑과 다보탑은 불교 경전에 나온 이야기를 상징해요. 불교의 가르침을 전하던 석가모니 앞에 탑이 솟아나더니, 그 안에서 다보가 나왔어요. 다보는 석가모니의 가르침이 옳다고 했어요. 석가탑은 설법을 하던 석가모니를 상징하고, 다보탑은 석가모니를 지지한 다보를 상징해요.

● 절에 탑을 왜 쌓았을까요?

처음에는 석가모니의 사리를 모시기 위한 것으로 만들어졌어요. 그러다 보니 불교에서 탑은 부처를 상징하게 되었지요. 사람들은 탑을 신성하고 소중하게 여겼어요. 절마다 탑을 쌓는 일에 열정을 다했지요. 하지만 불상이 만들어지면서 예배의 대상이 탑에서 불상으로 바뀌었답니다.

07 | 국보 제24호
석굴암 석굴

석굴 안에 커다란 불상을 어떻게 넣었을까?

딱따구리 따발이와 딱딱이가 있었어요. 따발이와 딱딱이는 틈만 나면 수다를 떨었는데, 주로 자기 자랑이었지요.

"나만큼 벌레를 잘 찾아내는 딱따구리 있으면 나와 보라 그래."

"나만큼 나무에 멋진 구멍을 만들 수 있는 딱따구리는 없을걸? 사람들도 내 솜씨를 따라올 순 없어. 사람들은 덩치만 컸지 기술이 없거든."

딱따구리 두 마리는 토함산 중턱에 있는 나뭇가지에 앉아 계속해서 잘난 척을 했어요. 주위에 있던 동물들은 견디다 못해 모두 다른 곳으로 자리를 옮겼지요. 그때 조그마한 여자아이가 딱따구리가 있는 나무 아래로 다가왔어요.

"너희들 정말 시끄럽구나! 절 근처에서는 조용히 하는 게 예의야!"

소녀는 딱따구리들을 향해 외쳤어요.

"여기 어디에 절이 있다고 그래? 정말 건방진 애잖아!"

"딱따구리한테 거짓말하다 혼난다. 코를 콕콕 꼬집어 줄 거야!"

따발이와 딱딱이가 날개를 푸드덕거리며 말했어요.

"아무리 새라고 해도 설마 석굴암을 모르는 건 아니겠지? 석굴암은 우리나라의 대표적인 석굴 사원이야. 단단한 화강암으로 만들어서 오랜 시간이 흘렀어도 웅장하고 신비한 모습 그대로 남아 있어. 최고의 불교 예술 작품이라고!"

소녀는 톡 쏘아붙이고는 석굴암으로 들어갔어요.

"도대체 얼마나 대단하기에 저 난리야?"

"보나 마나 별것 아닐 거야."

따발이와 딱딱이도 소녀를 따라 석굴암으로 들어갔어요.

"우아! 대단한데? 이게 정말 돌을 깎아 만든 거

란 말이야?"

"커다란 불상을 보고 있으니까 갑자기 마음이 편해지면서, 착하게 살아야겠다는 생각이 들어."

따발이와 딱딱이는 부리를 헤벌리고 다물지 못했어요. 한참을 넋이 빠진 채 석굴암 안을 둘러본 딱따구리들은 문득 이런 생각이 들었어요.

"근데 이렇게 커다란 불상을 어떻게 가지고 들어온 거야? 마술로 옮긴 걸까?"

"아니, 불상을 먼저 만들고 나서 돌조각을 맞추어 불상을 감싸는 석굴을 만든 거야."

소녀가 친절하게 설명해 주었어요.

"이 굴을 사람이 만들었다고? 하늘도 못 나는 사람에게 이런 재주가 있을 줄이야."

"게다가 여기는 동굴인데 습하지가

않네? 난 습한 곳이 싫어. 깃털이 눅눅해지거든. 그런데 여기는 굉장히 쾌적해."

딱따구리들은 눌러앉고 싶을 만큼 석굴암이 마음에 들었어요.

"습도와 관련해선 아주 안타까운 사연이 있어. 원래 석굴암은 습도가 자연적으로 조절되도록 만들어졌어. 그런데 일제 강점기에 보수 공사를 잘못하는 바람에 공기도 잘 안 통하고, 습기가 차서 불상과 벽면에 물방울이 맺히고 이끼가 생겼어. 지금은 어쩔 수 없이 기계로 습도와 온도를 조절하지."

소녀는 안타까운 표정을 지었어요.

"어떻게 자연적으로 습도와 온도를 조절할 수 있었을까? 우리 딱따구리들은 집 짓는 데 관심이 많거든. 좀 알려 줘라!"

딱딱이가 소녀에게 간절하게 부탁했어요.

● 동양의 아름다움을 대표하는 3대 문화재!

동양과 서양은 서로 다른 아름다움을 가지고 있어요. 동양은 자연과의 조화를 중요하게 생각하지요. 동양의 아름다움을 나타내는 문화재 중에 으뜸으로 꼽히는 것이 석굴암이에요. 우리나라의 석굴암과 함께 중국 윈강 석굴, 고구려 담징 스님이 그린 일본 호류사 금당 벽화가 동양을 대표하는 3대 문화재로 꼽힌답니다.

● 석굴암은 몇 개의 돌로 만들어졌을까요?

석굴암은 석불사의 법당에 해당되는 곳이었어요. 직사각형 모양의 전실과 짧은 통로를 지나면 본존불이 있는 주실이 나와요. 본존불은 절에 모신 부처 가운데 으뜸인 석가모니불을 뜻해요. 주실에는 40구의 불상이 있었는데, 2구가 사라져 현재는 38구가 남아 있어요. 동그란 모양의 주실 천장은 우주를 상징해요. 석굴암은 수학적으로 철저한 계산을 통해서 360여 개의 돌을 깎아 만들었어요. 신라의 기술과 예술, 신앙심이 만들어 낸 최고의 걸작이지요.

● 석굴 안에 맺히는 물방울을 어떻게 없앴을까요?

우리 조상들은 석굴암 안의 습도를 조절하기 위해 두 가지 방법을 썼어요.

첫 번째로 바람이 잘 통하는 통풍 효과를 이용한 것이에요. 출입문과 창은 물론 감실에 구멍을 뚫어 여러 방향에서 통풍이 되도록 만들었어요.

두 번째로는 석굴암 바닥 아래로 차가운 샘물이 흐르게 한 것이에요. 수증기는 더 차가운 쪽에 달라붙는 성질이 있어서 석굴 안의 수증기가 본존불이나 벽이 아닌, 차가운 바닥에 달라붙었지요. 일제 강점기 때 석굴암이 손상되었는데, 이를 고치려던 일제는 어설픈 보수 공사로 석굴암의 자연을 이용한 보존 장치를 망가뜨리고 말았답니다.

● 달빛이 불상을 비추었다고요?

지금은 잘못된 보수 공사로 없어졌지만, 석굴암이 만들어졌을 당시에는 주실 입구에 창이 있었다고 해요. 이 창으로 빛이 들어와서 어두운 석굴 안을 은은하게 비추었을 것으로 추측돼요. 우리 조상들은 등불 없이도 자연의 빛으로 본존불을 더욱 신비롭게 비추었답니다.

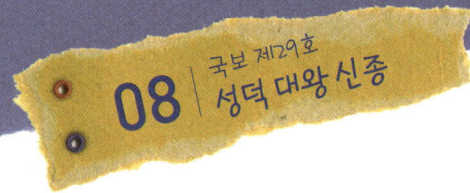

아름다운 소리의 비밀은 뭘까?

빨갛게 익은 산딸기랑 오디를 따 먹다 보니, 꽃분이와 달오는 어느새 봉덕사에 이르렀어요.

"꽃분아, 이것 봐! 아주 큰 종이야!"

달오는 자기 키보다도 훨씬 큰 종을 발견했어요. 아름다운 연꽃무늬 때문인지 보통의 종과는 다른 신비한 힘이 느껴졌어요.

때마침 스님 한 분이 다가와 종을 쳤어요. 절에 있는 종을 범종이라고 하는데, 범종은 시각을 알리거나 사람들을 모을 때 쳤어요. 또 사람들의 고통을 없애 주고 죽은 사람의 명복을 빌기 위해 치기도 했어요.

"굉장해! 우웅 하는 소리가 온 세상을 울리는 것 같아."

달오는 신비하고 아름다운 종소리에 흠뻑 취했어요.

"스님, 종소리가 너무 고와요. 마치 하늘나라에 온 것 같아요! 선녀가 되어 구름 위를 걷는 기분이랄까……."

꽃분이는 한껏 상상의 나래를 펼쳤어요.
"이 절에 있는 성덕 대왕 신종은 우리나라에서 가장 큰 범종이란다."
스님은 너그러운 미소를 지으며 말했어요.
"스님! 저기 종 꼭대기에 있는 걸 용뉴라고 하죠?"
달오가 물었어요.
"고 녀석 똘똘하구나. 그럼 용이 지고 있는 동그랗고 길쭉한 건 뭔지 아느냐?"
"음……."
꽃분이와 달오는 고개를 갸우뚱했어요.
"저 원통이 무엇을 닮았지?"
스님은 종 주위에 흩어진 낙엽을 쓸며 물었어요.
"나무요?"
꽃분이가 말했어요.

"그래, 나무를 닮았지. 그중에서도 곧고 마디가 있는 대나무를 닮았지. 용과 대나무 하면 떠오르는 얘기가 없니?"

"아, 만파식적!"

달오가 활짝 웃으며 대답했어요.

"맞아요! 용이 전해 준 대나무 피리! 불면 세상이 평화로워졌다고 하는 전설의 피리 말이에요!"

꽃분이가 또박또박 말했어요.

"허허허! 그래, 잘 알고 있구나. 세상이 평화로워지길 바라며 성덕 대왕 신종에 만파식적을 상징하는 대나무와 용을 만들어 넣은 거란다."

꽃분이와 달오는 가만히 종을 바라보았어요. 스님의 이야기를 듣고 나니 종이 더 신비로워 보였어요. 마치 종 위에 있는 용이 살아 숨 쉬는 것 같았어요.

"훌륭한 종은 큰 울림으로 사람들에게 감동과 평화를 준단다. 성덕 대왕 신종은 몇 천 년에 한 번 나올까 말까 하는 훌륭한 종이지."

스님의 말에 꽃분이와 달오는 종을 보며 소원을 빌었어요. 올해는 풍년이 들어 마을 사람 모두 배불리 먹을 수 있게 해 달라고요.

"꽃분아, 그런데 성덕 대왕 신종은 어떻게 그런 아름다운 소리를 낼 수 있을까?"

마을로 내려가는 길에 달오가 물었어요. 언제나 종알종알 말 잘하는 꽃분이도 이 질문에는 고개를 갸웃할 뿐이었어요.

아름다운 소리를 내는 비결은 무엇일까요?

성덕 대왕 신종은 세계적으로 가장 아름다운 소리를 내는 종으로 꼽혀요. 이웃 나라 중국이나 일본의 탁하고 거친 종소리와 비교해 보면, 우리 종이 얼마나 아름다운 소리를 내는지 알 수 있어요. 성덕 대왕 신종이 내는 웅장하면서도 맑고 은은한 종소리는 사람들의 마음을 편안하게 만드는 주파수를 가지고 있다고 해요. 이 신비한 소리의 비밀은 종 윗부분에 달린 음관과 종 아래의 구덩이(음통)에 있어요. 음관은 잡음을 없애고, 음통은 소리가 오래 울려 여운이 생기게 해 준답니다.

우여곡절 많은 성덕 대왕 신종!

성덕 대왕 신종은 신라 제35대 경덕왕이 아버지 성덕왕을 기리기 위해 만들기 시작했어요. 하지만 경덕왕은 종이 완성되는 것을 보지 못하고 죽자 그의 아들 혜공왕이 뒤를 이어 만들었어요. 무려 34년에 걸쳐 완성되었지요. 성덕 대왕 신종은 원래 봉덕사에 있었어요. 그러나 봉덕사가 홍수가 나서 사라지자, 영묘사와 봉황대의 종각을 거쳐 지금은 국립경주박물관으로 옮겨졌어요.

● 전설의 피리, 만파식적이 뭐예요?

만파식적은 전설에 나오는 대나무 피리예요. 죽어서 바다의 용이 된 문무왕과 하늘의 신이 된 김유신 장군은 신문왕에게 신비한 대나무를 전했어요. 신문왕이 그 대나무로 피리를 만들어 부니 적군이 물러가고, 가뭄 때는 비가 내리고, 장마가 멈추고, 파도는 잠잠해졌다고 해요. 그 신비한 대나무 피리가 바로 만파식적이지요.

만파식적 전설은 삼국 통일 이후 흩어져 있던 백제와 고구려 사람의 마음을 모아 나라를 안정시키려는 뜻이 담겨져 있어요.

● 왜 성덕 대왕 신종을 에밀레종이라고도 부를까요?

경덕왕 때 종을 만들던 사람들은 수십 년 동안 종을 완성하지 못했어요. 번번이 종이 일그러지거나, 깨진 쇳소리를 냈지요. 고민 끝에 어린아이를 넣고 종을 만들었더니 그제야 제대로 된 종이 완성되었어요. 그런데 종소리가 마치 어미를 찾는 아이 소리처럼 '에밀레' 하고 들리는 거예요. 그래서 '에밀레종'이라는 이름으로 불리게 되었지요. 하지만 종을 분석한 결과 사람이 가지고 있는 인 성분이 나오지 않았다고 해요. 어린아이를 넣어 만들었다는 이야기는 사실이 아니라고 밝혀진 셈이지요.

09 국보 제68호
청자 상감운학문 매병

일본인은 왜 고려청자를 탐냈을까?

　청자 상감운학문 매병은 일본이 우리나라를 빼앗았던 일제 강점기에 불안하고 고된 여행을 해야 했어요. 처음에 어디서 발견되었는지는 정확하지 않지만, 누군가 일본 도굴꾼에게 팔았다는 이야기가 있어요. 이 일본인이 다시 문화재를 사고파는 장사꾼에게 넘겼고, 장사꾼은 다시 더 많은 돈을 받고 한국인 의사에게 넘겼어요. 의사는 다시 마에다라는 일본인에게 팔았지요. 고려의 빛나는 문화유산인 청자 상감운학문 매병이 일본인의 손에 다시 들어가게 된 거예요.

　도자기를 사고파는 사람 사이에서 흥정을 붙이는 일을 하는 사람을 거간꾼이라고 하는데, 한 한국인 거간꾼은 청자 상감운학문 매병을 되찾아와야 한다고 생각했어요.

　1936년, 마에다가 힘들어진 형편 때문에 매병을 팔려고 한다는 소문이 돌았어요. 거간꾼은 당장 전형필 선생을 찾아갔어요. 간송 전형필 선생은 교육자이자 문화재 수집자였어요.

"선생님! 마에다가 청자 상감운학문 매병을 팔겠답니다. 눈독을 들이고 있는 일본인이 한둘이 아니에요. 총독부에서도 일만 원에 사겠다고 한대요."

당시에 만 원이면 좋은 집 다섯 채 정도를 살 수 있는 큰돈이었어요.

전형필 선생은 최고의 청자로 이름난 청자 상감운학문 매병을 반드시 우리 후손에게 전해 주겠다고 다짐했어요. 그래서 마에다를 만나 담판을 지었지요.

"아시겠지만, 제가 가지고 있는 매병은 사려는 사람이 줄을 서 있는 상황이라 어지간한 가격에는 팔지 않을 생각입니다."

마에다는 더 많은 돈을 받으려고 머리를 썼어요.

"얼마면 되겠소?"

"총독부에서 일만 원 정도 생각하니, 그보다는 많아야겠지요?"

마에다는 얄미운 미소를 지었어요.

"당신! 급하게 돈이 필요한 상황이라고 들었소. 내게 매병을 판다면, 지금 바로 두 배의 값을 주겠소. 더 이상의 가격 흥정은 없소."

간송 전형필 선생은 마에다의 눈을 똑바로 쳐다보며 말했어요. 마에다는 워낙 큰 금액이기도 하고, 당장 돈을 받을 수 있다는 것에 마음이 끌렸어요. 그래서 청자 상감운학문 매병을 전형필 선생에게 내주었어요. 비로소 청자 상감운학문 매병이 제대로 된 주인을 만나게 된 것이었지요.

전형필 선생은 매병을 가지고 집으로 돌아와 찬찬히 살펴보았어요. 매병에 새겨진 학과 구름무늬, 그리고 은은한 고려청자의 빛깔은 과연 최고의 도자기라 부를 만했어요.

"이토록 귀한 것을 일본에 빼앗길 뻔했어! 청자의 영롱한 색은 천국에 흐르는 맑은 물 같구나. 어떻게 학을 이리도 아름답게 그려 넣었을까? 금세라도 어디론가 날아가 버릴 것 같아!"

감탄하는 전형필 선생의 눈동자가 매병처럼 맑게 빛났어요.

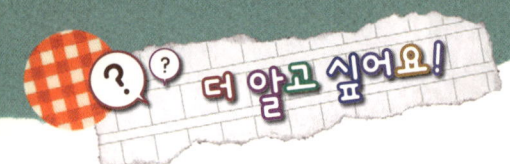

● 상감 청자는 어떻게 만들까요?

청자는 중국에서 만들기 시작한 푸른색 도자기예요. 중국에서 우리나라로 전해져 고려 시대에 꽃피웠지요. 특히 고유의 상감 기법으로 만든 상감 청자는 청자의 전성기를 만들어 냈어요. 상감 기법이란, 흙으로 도자기를 빚은 다음 표면에 여러 가지 무늬를 새기고, 그렇게 파인 홈을 붉거나 흰 흙으로 메워서 알맞은 온도로 굽는 것을 말해요. 그렇게 하면 흰 흙은 그대로 나타나고, 붉은 흙은 검은색이 돼요. 상감 청자는 세계 어느 곳에서도 찾아보기 힘든 우리 조상의 독특한 기술로 만든 훌륭한 도자기예요.

● 청자 상감운학문 매병의 영롱한 빛깔!

중국의 청자는 우리의 것보다 진한 색을 가지고 있어요. 고려청자는 유약을 얇게 펴 발라 영롱하고 투명한 푸른빛을 띠지요. 청자 상감운학문 매병이 고려청자의 빛깔을 대표해요. 우리 조상은 고려청자의 투명한 푸른빛을 '비색'이라고 불렀어요. 도자기는 사용되는 흙, 굽는 온도, 유약의 종류에 따라 달라지는데, 고려청자의 비색은 현대 기술로도 재현하기 어렵다고 해요.

● 매병은 무엇에 쓰던 병일까요?

　청자는 주전자, 대접, 향을 피우는 향로, 벼루에 먹을 갈 때 쓰는 연적 등 다양한 용도로 사용되었어요. 그중 매병은 술을 담던 병을 말해요. 입구는 좁고, 위쪽은 불룩하고 넓으며, 아래쪽은 잘록하게 들어간 모양이에요. 매병은 부드러운 곡선이 아주 매력적이지요.

● 학은 무엇을 상징할까요?

　청자 상감운학문 매병에는 학이 빼곡하게 그려져 있어요. 청자의 푸른빛은 신비한 하늘나라를 연상시키지요. 그래서 마치 학이 하늘로 날아오르는 듯한 느낌을 줘요. 고려청자에 학을 그려 넣은 것은 우리 조상이 학을 좋아했기 때문이에요. 조상은 학이 천 년을 살며, 신선이 타고 다니는 새라고 생각했어요. 그래서 사람들도 학처럼 오래 살고, 학이 새로운 희망을 물어다 주기를 바라는 마음으로 정성스럽게 만든 도자기에 학을 새겨 넣었어요.

10 국보 제32호 팔만대장경

고려 사람들은 왜 팔만대장경을 만들었을까?

크리스마스 아침, 소희와 원준이는 바닷가에 갔어요. 겨울 바다에는 거센 바람까지 불어왔어요. 소희는 막대기를 집어 들고 넓은 모래사장에 글씨를 또박또박 써 나갔어요.

"누나, 뭐해?"

"소원을 적는 거야. 전에도 이렇게 썼더니 소원이 이루어졌거든."

소희는 모래사장에 '내년에는 착한 원준이에게 꼭 크리스마스 선물을 주세요'라고 썼어요.

"누나는 소원이 그거 하나야?"

원준이가 물었어요.

"아니, 다 쓰면 팔만대장경만큼이나 길어. 하지만 하나씩 빌어야 하잖아."

소희가 두 손을 호호 불며 말했어요.
"팔만대장경? 그게 뭔데?"
원준이가 물었어요.
"대장경은 부처님의 말씀을 기록해 놓은 거야. 우리나라 해인사에는 팔만 개의 나무판에 일일이 글자를 새겨서 만든 팔만대장경이 있어."
"팔만 개? 엄청 힘들었겠다! 모래 위에 글씨를 쓰는 것도 힘든데, 나무에 글자를 새기는 건 얼마나 힘들었을까? 옛날 사람들은 왜 그렇게 힘든 일을 한 거야?"
원준이는 어마어마한 숫자에 눈이 둥그레져서 물었어요.
"고려 시대에는 몽골족의 침입을 많이 받았어. 그 때문에 식량도 빼앗

기고, 많은 문화유산이 불에 타서 사라졌어. 고려인은 몽골의 침략에서 벗어나고 싶은 마음이 간절했지."

소희는 잠시 쉬었다 이야기를 계속했어요.

"그보다 훨씬 전에 거란이 우리나라를 침략했을 때 초조대장경을 만들었더니 거란이 물러간 적이 있었어. 사람들은 부처님의 힘으로 거란을 무찌른 것이라고 생각했어. 그래서 그때처럼 몽골이 물러가기를 바라는 마음으로 팔만대장경을 만든 거야."

원준이는 소희의 이야기를 들으며 고개를 끄덕였어요.

"나도 모래 위에 소원을 적어야지!"

원준이는 누나가 들고 있던 막대기로 삐뚤삐뚤 글자를 써 나갔어요.

"와! 다 썼다!"

원준이가 좋아서 폴짝폴짝 뛰었어요.

"뭐라고 썼는데?"

소희가 다가오며 물었어요. 그때 커다란 파도가 밀려와 원준이의 소원을 휩쓸어 갔어요.

"으악! 내 소원이 사라졌어."

원준이가 울상을 지었어요.

"괜찮아! 파도가 소원을 데려갔으니까, 꼭 들어줄 거야."

소희가 원준이의 어깨를 다독였어요.

"누나, 팔만대장
경도 지금은 없어졌지?"
"팔만대장경은 나무로 만들어서
썩거나 불에 타기 쉬워. 하지만 지금도
고스란히 해인사에 보관되어 있어. 무려
750여 년이나 그 모습 그대로 잘 견뎌 온 거야."
"우아! 짱이다!"
원준이는 어떻게 팔만대장경이 이토록 오랫동안 잘 보존되었는지 궁금해졌어요.

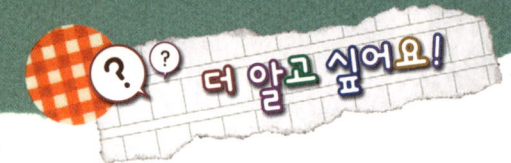

● 팔만대장경을 오래도록 보존한 비법은 뭔가요?

　대장경판을 보관하는 건물을 '장경판전'이라고 해요. 해인사의 장경판전 덕분에 팔만대장경을 오랜 세월 동안 보존할 수 있었어요. 장경판전은 햇볕이 잘 들고 바람이 오가는 높은 곳에 지어졌어요. 양쪽으로 엇갈려 달린 창문은 빛과 바람이 장경판전 안에 잘 들어가도록 했어요. 햇빛과 바람은 대장경판에 벌레가 생기거나 눅눅해져서 썩는 것을 막지요. 또 장경판전 밑에는 많은 양의 숯과 소금, 모래를 깔았어요. 숯은 습도를 조절하고, 소금과 모래는 물이 고이지 않고 쉽게 빠져나갈 수 있게 해요. 그래서 장경판전 안의 습도와 온도는 나무판이 상하지 않도록 적절하게 유지되고 있어요. 이처럼 과학적으로 만들어진 장경판전은 유네스코가 지정한 세계문화유산이랍니다.

● 어떤 나무로 만들었을까요?

　팔만대장경은 우리나라에서 많이 자라고, 단단해서 조각을 하거나 오랫동안 보관하기에 적당한 산벚나무로 만들었어요. 보통의 나무가 대장경판이 되기 위해서는 복잡한 과정을 거쳐야 했어요. 우선 좋은 나무를 골라 짭짤한 바닷물에 3년간 절여요. 그리고 가마솥에 넣어 푹 찐 후, 물기를 잘 말려요. 그런 다음 벌레가 먹거나 습기로 인해 썩는 것을 막도록 옻칠을 했답니다.

● **팔만대장경을 만드는 데 얼마나 걸렸을까요?**

　1236년부터 만들기 시작해서 1251년에 완성되었어요. 수많은 백성들의 정성과 힘으로 만들어졌지요. 대장경을 만들 때는 몸을 정갈하게 하고 한 글자를 새길 때마다 세 번씩 절을 했다고 해요. 그만큼 나라의 평화를 바라는 마음이 간절했던 것이지요.

● **팔만대장경은 정말 팔만 개로 되어 있을까요?**

　팔만대장경은 정확히 81,258개의 경판으로 만들어졌어요. 8만여 개의 판에 8만 4천 번뇌에 해당하는 법문이 실려 있어 팔만대장경이라는 이름으로 더 많이 불려요. 하지만 정식 이름은 '해인사 대장경판'이랍니다. 경판 하나의 무게는 3~4킬로그램으로, 300개가 넘는 글자가 새겨져 있어요. 이렇게 엄청난 양의 경판이 얼마나 정교한지 잘못된 글자나 빠진 글자가 하나도 없다고 해요. 글씨체 또한 한 사람이 쓴 것처럼 일정하지요.

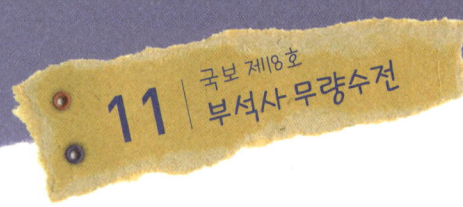

11 | 국보 제18호
부석사 무량수전

무량수전에 숨어 있는 곡선의 비밀은 뭘까?

"아, 바쁘다, 바빠! 다음은 어디더라?"

봉달 씨는 잠시 오토바이를 세우고 숨을 돌렸어요. 봉달 씨는 경상북도 영주의 신입 우체부예요. 그래서 아직 길 찾는 데 서툴지요. 봉달 씨의 다음 목적지는 봉황산 중턱에 있는 부석사예요. 부석사 큰스님께 전해야 할 편지가 한 통 있거든요.

봉달 씨는 부릉부릉 시동을 걸고 부석사로 출발했어요. 부석사에 가까워질수록 어쩐지 마음이 차분해졌어요. 바람에 나풀거리는 옷고름처럼 아름답게 굽이진 길을 따라가니, 어느새 부석사에 도착했어요.

"큰스님은 어디 계실까?"

오토바이에서 내린 봉달 씨는 절 안을 기웃기웃하며 스님을 찾았어요. 오토바이 소리도, '큰스님' 하고 부르는 소리도 지금은 어울리지

앉을 것 같았어요.

절을 둘러보던 봉달 씨가 어느 건축물 앞에서 발걸음을 멈추었어요.

"무량수전엔 무슨 일이십니까?"

어디선가 스님 한 분이 나타나서 말했어요.

"에구머니나!"

봉달 씨는 깜짝 놀라 소리쳤다가 이내 머리를 긁적이며 대답했어요.

"이 건물을 보는 순간 마음이 편해져서 멈춰 섰어요."

"무량수전을 바라보는 한국인의 마음이 아마 다 비슷할걸요. 무량수전은 가장 한국적인 건축물이라고 할 수 있지요."

스님은 뒷짐을 지고 천천히 무량수전 앞을 거닐었어요. 봉달 씨는 스님을 따라 걸으며 무량수전을 둘러보았어요. 무량수전은 가로 다섯 칸, 세로 세 칸의 옆으로 길쭉하고 안정적인 모양을 하고 있었어요.

"무량수전은 화려하지는 않지만, 우아하답니다. 특히 다소곳하고 부드러운 곡선들이 아름답지요. 지붕의 추녀가 버선코처럼 살포시 올라간 것 보세요!"

봉달 씨는 노을이 붉게 물드는 하늘 아래에서 생각에 잠긴 듯 고요한 무량수전을 바라보았어요.

"무량수전의 균형감 있는 아름다움에는 몇 가지 비밀이 숨어 있지요."

"그게 뭔가요, 스님?"

"착시까지 생각했다는 거예요."

"착시라면 사실과 다르게 보이는 것이잖아요."

봉달 씨가 아주 진지하게 말했어요.

"맞아요, 무량수전을 지은 사람들은 착시 때문에 건물이 달리 보이는 것을 막으려고 신경 썼어요. 무량수전의 특징으로 안허리곡, 귀솟음, 배흘림을 꼽을 수 있어요. 안허리곡은 처마의 양쪽 귀퉁이 부분을 중심보다 더 나오게 만든 것을 말해요. 그래야 양쪽 끝이 들어가 보이는 착시를 막을 수 있으니까요. 정면에서 지붕을 보면 반듯해 보이지만, 사실은 처마의 가운데 부분이 오목하게 들어가 있어요. 옆에서 보면 쉽게 알 수 있지요."

봉달 씨는 무량수전을 옆에서 바라보았어요.

"그런데 귀퉁이의 기둥이 다른 기둥보다 좀 높은데요?"

"건물의 귀퉁이가 아래로 처져 보이는 착시를 막기 위해서죠. 그것을 귀솟음이라고 해요."
"그렇다면 스님, 배흘림은 뭔가요?"
봉달 씨가 스님에게 물었어요.
그때 봉달 씨는 아직 전해야 할 편지가 남아 있다는 것을 깨달았어요.
"아이코, 늦었다! 스님, 다음에 꼭 알려 주세요. 그리고 이 편지는 큰스님에게 전해 주세요."
봉달 씨는 스님의 손에 편지를 건네고 서둘러 부석사를 떠났어요.
"허허허!"
스님은 크게 웃으며 봉투를 열어 보았답니다.

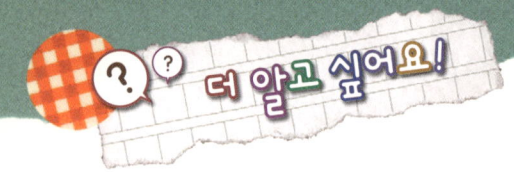

● 무량수전의 배흘림기둥이 뭘까요?

기둥은 밑에서 위로 곧게 받치며, 건물을 지지하는 역할을 해요. 기둥의 모양에 따라 중간이 약간 불룩하게 나온 배흘림, 위로 갈수록 조금씩 얇아지는 민흘림, 두께가 일정한 원통형 기둥이 있어요. 무량수전에 사용한 배흘림은 착시로 가운데가 오목하게 보이는 것을 막아 줘요. 멀리서 보면 중간이 불룩한 배흘림기둥이 일자로 보이지요. 그래서 훨씬 안정적인 느낌이 들어요.

● 우리나라에서 가장 아름다운 목조 건물!

부석사는 승려 의상이 문무왕의 뜻에 따라 경상북도 영주시 봉황산 중턱에 세운 절이에요. 신라가 삼국을 통일한 676년에 완성되었지요. 1358년 고려 공민왕 때 불이 나서, 우왕 때 다시 짓고 손질하였어요. 부석사는 가장 아름다운 목조 건물로 꼽히며, 우리나라에 남아 있는 목조 건물 중 봉정사 극락전과 더불어 가장 오래되었어요.

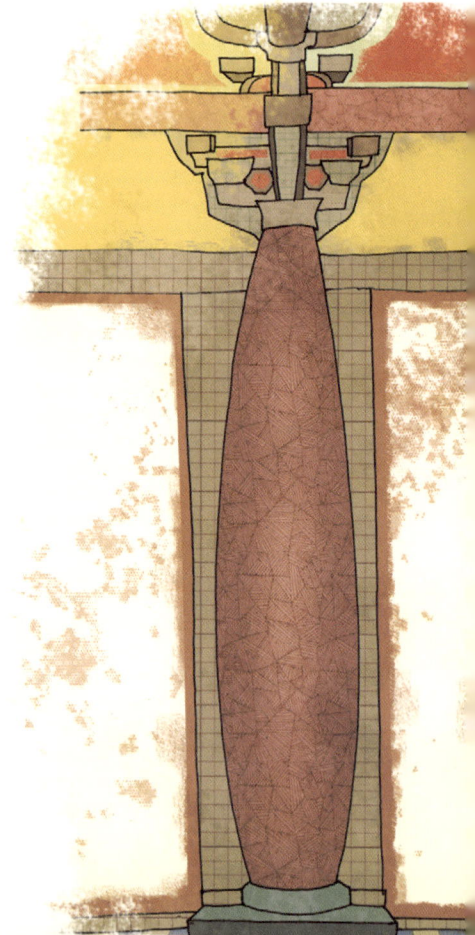

불상이 다른 절과 다르게 놓여 있는 이유는 뭘까요?

부석사에는 무량수전과 함께 국보로 지정된 것이 또 있어요. 바로 소조 여래 좌상이지요. 소조 여래 좌상은 국보 제45호로, 3미터에 가까운 커다란 불상이에요. 우리나라에서 가장 큰 소조불이지요. 소조불은 나무로 뼈대를 만들고 그 위에 진흙을 덧붙여 만든 것을 뜻해요. 보통의 절에 가면 불상이 정면에 놓여 있어요. 하지만 무량수전의 불상은 왼쪽에 놓여 오른쪽을 바라보고 있지요. 이렇게 해서 생겨난 거리감은 불상을 더욱 신비롭게 보이게 해요.

부석사라는 이름은 어떻게 지어졌을까요?

의상이 당나라에 불교를 공부하러 갔을 때, 의상을 좋아하는 선묘라는 여인이 있었어요. 공부를 마친 의상이 배를 타고 떠나자 선묘는 바다에 몸을 던져 의상이 탄 배를 보호하는 용이 되었어요. 의상은 신라에 도착하여 봉황산에 절을 세우려 하였으나, 그를 방해하는 무리 때문에 어려움을 겪었어요. 그러자 용이 된 선묘가 나타나 바위를 들어 방해하는 무리를 쫓았어요. 그래서 부석사, 즉 뜬(浮 뜰 부) 돌(石 돌 석) 위에 세운 절(寺 절 사)이라는 뜻의 이름이 지어졌답니다.

12 보물 제1132호
직지심체요절

금속 활자로 만든 가장 오래된 책은?

　재민이는 학교에서 제일가는 장난꾸러기예요. 재민이에게 골탕 먹지 않은 사람은 교장 선생님밖에 없을 정도였지요. 재민이는 요즘 지우개 도장 만들기에 폭 빠졌어요. 지우개에 '메롱', '바보' 같은 말들을 새겨서 친구들 소지품에 꾹 찍었어요. 그래서 새로 산 물건이 있는 아이들은 재민이가 다가오면 얼굴을 찌푸렸어요.

　하지만 재민이는 그런 친구들에게 오히려 자랑스럽게 말했어요.

　"나는 구텐베르크처럼 훌륭한 기술자라고!"

　"구텐 뭐? 그게 누군데?"

　재민이의 짝이 물었어요.

　"그것도 몰라? 너한테는 '무식'이라고 새긴 도장을 찍어 줘야겠구나! 구텐베르크는 활판 인쇄술을 발명한 사람이야. 금속 활자로 구텐베르

크 성서를 찍어 냈지. 구텐베르크의 인쇄술이 발전하면서 엄청나게 많은 책이 쏟아져 나왔어. 어떻게 그런 분을 모를 수 있니?"

재민이가 나불나불 잘난 척을 하는 동안 선생님이 다가왔어요. 재민이는 선생님이 온 것도 모르고 계속해서 떠들었어요.

"재민아."

선생님이 재민이를 불렀어요. 그리고 물었어요.

"세계에서 가장 오래된 금속 활자 인쇄본이 뭔지 아니?"

"음, 구텐베르크가 만든 구텐베르크 성서가 가장 오래되었을걸요. 선생님은 정말 똑똑한 제자를 두셨어요."

재민이는 자신만만하게 대답했어요.

"아니야."

선생님이 살짝 미소를 지으며 말했어요.

"하하하!"

아이들은 웃음을 터트렸어요. 재민이의 얼굴은 홍당무가 되었지요.

"아니라고요? 그럼 뭐예요?"

"바로 우리나라에서 만들었어. 세계에서 가장 오래된 목판 인쇄물은 '무구 정광 대다라니경'이고, 가장 오래된 금속 활자 인쇄본은 '직지심체요절'이야. 흔히 '직지'라고 부르지. 네 말대로 구텐베르크의 '구텐베르크 성서'는 1460년경에 만들어졌어. 하지만 우리 조상들이 직지심체요절을 금속 활자로 찍은 것은 1377년 고려 우왕 때야."

선생님의 설명에 재민이는 고개를 끄덕거렸어요.

"어쩐지 제가 인쇄술에 뛰어난 재능이 있는 것 같더라니까요. 다 우리 조상의 피를 물려받았기 때문이죠."

"그럼 뒤에 있는 게시판 꾸밀 때, 재민이가 실력을 발휘해 보는 게 어떠니?"

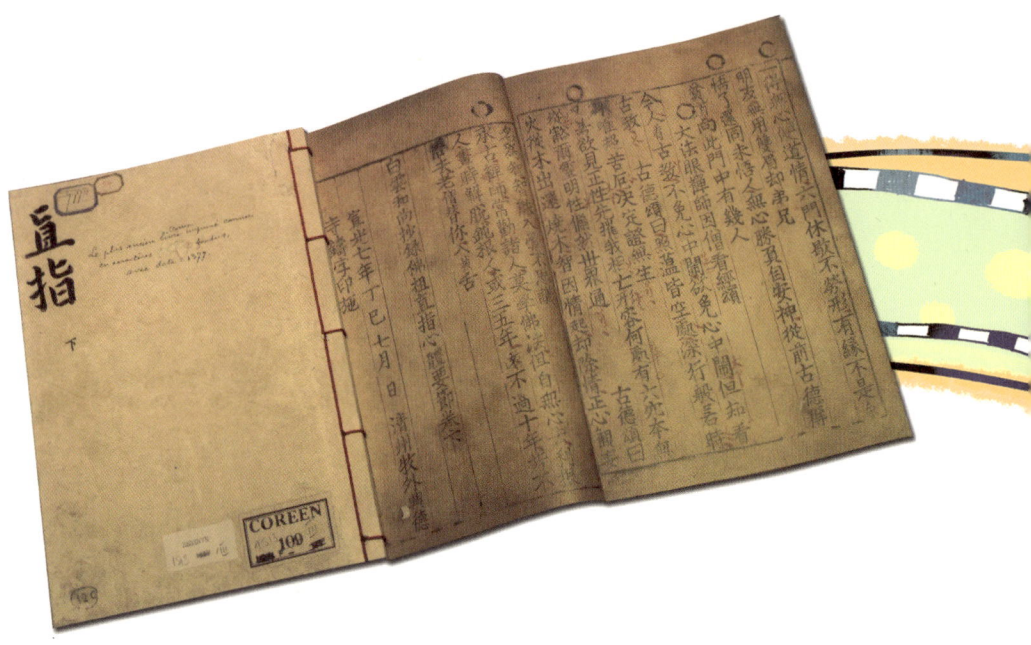

"좋아요!"

재민이는 선생님의 제안을 흔쾌히 받아들였어요.

"그런데 선생님! 직지심체요절을 보려면 어디에 가야 해요? 그걸 직접 보면 더 좋은 아이디어가 떠오를 것 같거든요."

재민이의 말에 선생님은 한숨을 내쉬었어요. 선생님의 표정이 왜 갑자기 어두워진 걸까요? 도대체 직지심체요절은 어디에 있는 걸까요?

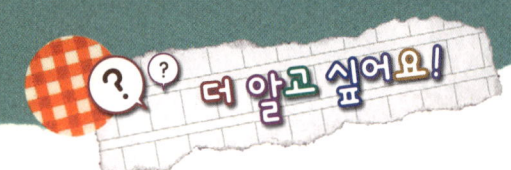

● **직지심체요절은 어디에 있을까요?**

　세계 최초의 금속 활자 인쇄본인 직지심체요절은 지금 우리나라에 없어요. 프랑스 국립 도서관에 있지요. 조선 고종 때, 우리나라에 외교관으로 와 있던 프랑스인이 우리나라의 귀중한 책들을 수집해서 프랑스에 가지고 갔어요. 그가 가져간 책들 속에 직지심체요절 하권이 들어 있었지요. 우리나라는 돌려 달라고 반환 운동을 펼쳤지만, 프랑스는 이를 받아들이지 않았어요. 비록 다른 나라에 보관되어 있지만, 직지심체요절은 유네스코 세계기록유산으로 지정된 우리의 소중한 문화유산이랍니다.

● **고려의 금속 활자 만드는 기술!**

　우리나라는 예로부터 금속을 다루는 기술이 뛰어났어요. 신라의 화려한 금관이나 백제 향로를 봐도 알 수 있지요.

　우리 조상은 다른 나라의 침입으로 나무 활자가 불에 타 버리자, 튼튼한 금속으로 활자를 만들 생각을 했어요.

　금속 활자를 만들려면 우선 밀랍 판에 글자를 새긴 후, 흙과 함께 틀에 넣어 굳혀요. 굳은 흙을 틀에서 빼어 불에 달구면 밀랍이 녹고, 그 빈자리에 쇳물을 부어 식히면 금속 활자를 얻을 수 있어요. 이렇게 만든 금속 활자들을 원하는 대로 배열하여 인쇄하면 된답니다.

● 금속 활자를 잘 활용했을까요?

　중국은 금속을 다루는 기술이 부족해서 금속 활자를 제대로 만들지 못했어요. 하지만 고려에서는 '서적원'이라는 기관을 두어 금속 활자 인쇄를 담당하게 했을 만큼 금속 활자를 다양하게 활용했어요. 직지심체요절이 인쇄된 곳은 청주에 있는 흥덕사라는 절이에요. 이렇듯 고려 시대에는 중앙은 물론 지방 사찰에서도 금속 활자 인쇄본을 만들 만큼 금속 활자 인쇄술을 널리 사용하였답니다.

● 직지심체요절은 어떤 내용인가요?

　직지심체요절은 고려 말에 백운이라는 스님이 엮은 책이에요. 사람이 마음을 올바르게 가지고 도를 깨치면, 자기 마음이 곧 부처가 된다는 내용을 담고 있어요. 백운이 세상을 떠난 뒤 그의 제자들이 청주 흥덕사에서 금속 활자로 만들어 인쇄했어요.
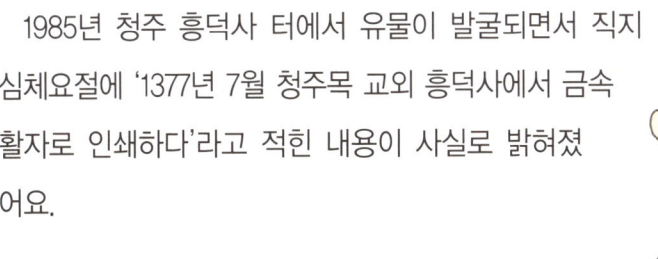
　1985년 청주 흥덕사 터에서 유물이 발굴되면서 직지심체요절에 '1377년 7월 청주목 교외 흥덕사에서 금속 활자로 인쇄하다'라고 적힌 내용이 사실로 밝혀졌어요.

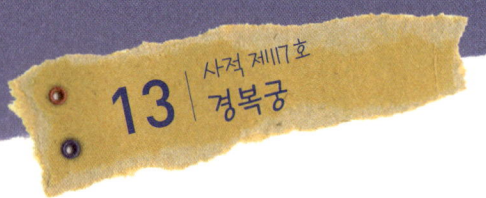

궁궐 안은 어떻게 생겼을까?

 향이는 떨리는 마음을 안고 임금님이 계시는 궁궐에 들어갔어요. 경복궁 궁녀가 되었거든요. 새로운 곳에서 새로운 일을 시작한다는 것은 무척 설레는 일이에요.
 "우아! 궁궐 안이 제가 살던 마을보다 더 넓은 것 같아요!"
 향이는 처음 보는 궁궐 안이 신기하기만 했어요.
 "임금님께서 수많은 신하들과 함께 나라를 다스리는 곳이니 넓을 수밖에. 이리 와. 내가 궁궐을 소개해 줄게. 미리 알아 두지 않으면 길을 잃기 쉬우니까."
 궁녀가 된 지 벌써 몇 해가 된 초연은 궁궐 곳곳을 향이에게 알려 주었어요. 초연은 눈을 감고도 어디든 찾아갈 수 있을 만큼 궁궐에 대해서 잘 알고 있었어요.

"경복궁의 정문은 광화문이야. 광화문은 입구가 세 개인데, 가운데 문으로는 임금님만 다닐 수 있어. 좌우의 문은 왕세자와 신하들이 사용하지. 광화문과 흥례문을 지나면 근정전이 나와. 궁궐의 중심이지."

"뭐 하는 곳인데요?"

향이가 물었어요.

"임금님께서 나라의 중요한 의식을 치르거나 다른 나라에서 온 사신을 만나는 곳이야."

둘은 근정전 뒤로 이어진 사정전으로 갔어요. 사정전 앞에는 많은 궁인들이 서 있었어요.

"지금 임금님께서 신하들과 이야기를 나누고 계신 모양이야. 사정전은 평소에 임금님이 신하들과 나랏일을 의논하는 곳이거든. 이곳에서 많은 시간을

보내시지."

"많은 사람들이 오가는 것을 보니, 임금님께서 아주 바쁘신 모양이에요."

향이는 작은 소리로 말했어요.

"그렇지. 그리고 저 뒤가 임금님께서 주무시는 강녕전이고, 그 뒤에 왕비마마께서 주무시는 교태전이 있어."

"임금님께서 주무시는 곳은 어떤지 궁금해요! 어서 가 봐요!"

향이가 앞장섰어요.

"안 돼!"

초연이 향이의 손목을 잡아 세웠어요.

"강녕전은 임금님이 쉬는 곳이기 때문에 허락 없이 아무나 들어갈 수 없어."

"이런, 큰일 날 뻔했네요!"

둘은 교태전 뒤에 있는 정원으로 자리를 옮겼어요. 아미산이라는 이름의 정원에는 화려한 꽃들이 잘 가꾸어져 있었어요.

"이 정원은 경회루에 연못을 만들면서 파낸 흙으로 만들었어. 저기 저 굴뚝은 교태전 온돌과 연결되어 있어."

향이는 소나무, 학, 봉황, 국화, 매화 등 아름다운 문양이 새겨진 굴뚝을 넋을 놓고 바라보았어요.

"아직 어디가 어딘지 정신이 없지? 하지만 시간이 지나면 손바닥 들여다보듯 익숙해질 거야."

초연이 다정하게 말했어요. 그런데 갑자기 향이의 이마에 진땀이 났어요. 얼굴은 하얗게 질려 있었고요.

"혹시 궁궐에도 화장실이 있나요? 배가 너무 아파요."

향이는 흐르는 땀을 닦으며 말했어요.

"그럼, 당연히 있지!"

초연은 향이의 손을 잡고 자선당과 비현각 사이에 있는 화장실로 갔어요. 별다른 표시가 없는데도 초연은 단번에 화장실을 찾아냈어요. 향이는 화장실에서 일을 보는 동안 갑자기 궁금한 게 생겼어요.

'임금님도 화장실에 가실까?'

향이는 얼른 나가서 초연에게 물어봐야겠다고 생각했답니다.

더 알고 싶어요!

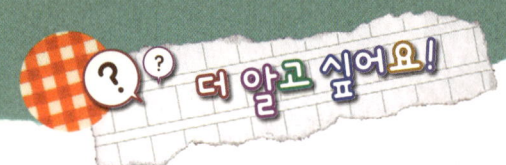

● **왕도 화장실에 갔을까요?**

　경복궁에는 화장실이 스물여덟 개나 있었어요. 화장실은 궁궐에서 지내던 궁녀, 내시, 지위가 낮은 관리들의 숙소와 가까운 곳에 따로 건물을 지어서 만들어졌어요. 하지만 왕을 비롯한 높은 관리들은 화장실에 가지 않았어요. 대신 매화틀을 사용했지요. 매화틀은 궁중에서 사용하던, 가지고 다닐 수 있게 만든 변기예요. 속에 볏짚을 깔아 일을 볼 때 밖으로 튀지 않도록 했지요.

● **조선의 역사와 함께한 경복궁!**

　이성계가 조선을 세우고, 나라의 수도를 한양으로 정했어요. 그리고 한양에 궁궐을 지었는데, 그것이 바로 경복궁이에요. '경복'이라는 이름은 '큰 복을 누리라'는 뜻이에요.

　하지만 경복궁은 이름과는 달리 험난한 세월을 견뎌야 했어요. 임진왜란 때 왜군들에 의해 불에 탄 후, 300년 가까이 방치되었어요. 그러다 조선 말 흥선 대원군의 강력한 뜻으로 경복궁이 새로 지어졌어요. 하지만 얼마 지나지 않아 경복궁에서 명성황후가 일본인에게 죽임을 당하는 비극적인 사건이 일어났어요. 당시 왕이었던 고종이 떠나면서 경복궁은 다시 빈 궁궐이 되었어요. 일제 강점기를 거치며 경복궁은 심하게 손상되었어요. 그러나 1991년부터 활발히 시작한 복원 작업으로 옛날의 웅장함을 되찾고 있답니다.

● **경회루와 향원정은 무엇을 하던 곳일까요?**

　경회루와 향원정은 경복궁 안에서 가장 아름답고 여유로운 곳이에요.
　경회루는 임금이 사신을 맞이하거나, 신하에게 연회를 베풀기 위해 만든 우리나라의 가장 큰 누각이에요. 누각은 문과 벽이 없어 사방이 탁 트이고, 높이 지어진 집을 말해요.
　향원정은 궁궐의 후원에 연못을 파고 연못 가운데에 섬을 만들어 지은 2층으로 된 정자예요. 향원정은 궁궐 사람들이 휴식을 위해서 자주 찾던 곳이에요.

● **경복궁 옆에 있는 창덕궁은 어떤 궁궐일까요?**

　경복궁과 가까이 있는 창덕궁은 조선의 왕들이 가장 오랫동안 머무른 궁전이에요. 태종이 새롭게 궁궐을 지어 경복궁에서 창덕궁으로 자리를 옮겼어요. 경복궁은 임진왜란과 일제 강점기를 거치며 많이 손상된 반면, 창덕궁은 비교적 잘 보존되어 있답니다. 창덕궁은 유네스코 세계문화유산으로도 지정되었어요.

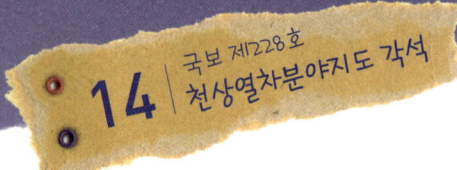

이성계는 왜 천문도를
갖고 싶어 했을까?

오늘은 선화의 단짝, 지연이의 생일이에요.

'어떡하지?'

선화는 고민에 빠졌어요. 지연이 생일 선물을 사려고 모았던 돈을 써 버리고 말았거든요. 낮에 갑자기 동생 선주가 배탈이 났어요. 선화는 직장에서 일하는 엄마 대신에 동생을 병원에 데리고 가서 병원비를 냈지요. 동생이 괜찮아져서 다행이지만, 선화는 지연이 선물 살 돈이 없어서 걱정이었어요.

"아! 그렇게 하면 되겠다!"

선화는 갑자기 좋은 생각이 났어요. 커다란 스케치북과 갖가지 색칠 도구를 준비했어요. 크레파스로 선을 그리고, 물감으로 칠하고, 색종이를 오려 붙이기도 했어요.

선화는 직접 그린 그림을 들고 생일 파티에 갔어요.

"지연아, 생일 축하해!"

아이들은 각자 준비한 선물을 내밀었어요.

"우아! 다이어리다!"

지연이는 갖고 싶던 선물을 받았다며 무척 좋아했어요. 지연이는 작은 가방, 예쁜 머리핀, 캐릭터 필통도 받았어요. 이번엔 선화가 선물을 내밀었어요. 지연이는 돌돌 말린 종이에 묶인 리본을 풀었어요. 그러자 정성스레 그려진 별자리 그림이 가득 펼쳐졌어요. 반짝이는 색종이로 만든 별들이 눈부시게 빛났지요. 하지만 아이들은 선화의 그림을 시시하게 생각하는 눈치였어요. 아무도 예쁘다는 말을 하지 않고 모두 조용히 있었거든요.

"지연이는 네 생일날 털장갑을 줬는데 너는 이게 뭐니?"

평소에 얄미운 말을 잘 하던 친구가 말했어요.

"너희들 조선을 세운 이성계가 천문도를 갖고 싶어 했다는 거 알아?"

선화가 아이들에게 물었어요. 아이들은 서로 멀뚱멀뚱 쳐다볼 뿐 대답하지 못했어요.

"하늘의 별자리를 그린 천문도는 왕의 상징이었거든. 우리 조상들은 별자리를 무척 중요하게 생각했어. 내 그림은 우리 고구려의 천문학에 바탕을 두고 만든 천상열차분야지도를 보고 그린 거야. 이성계는 이 천문도를 돌에 새겨서 자기가 왕이 된 것이 하늘의 뜻이라는 것을 알리고 싶어 했어. 내가 지연이에게 천문도를 선물한 건 왕처럼 귀한 사

람이 되라는 뜻에서야. 또 밤하늘의 별처럼 많은 것들을 배우고, 우주처럼 넓은 마음을 가진 사람이 되길 바란다는 마음도 담았지."

선화가 또박또박 설명하자, 아이들은 고개를 끄덕였어요.

"정말 고마워, 선화야! 내가 받은 선물들 중에서 가장 멋져!"

지연이가 활짝 웃으며 말했어요.

"내 생일에도 이거 그려 줄래? 천상…… 뭐라고 했지?"

아이들이 선화에게 졸랐어요.

"알았어!"

선화는 환한 얼굴로 대답했어요. 그리고 천상열차분야지도 각석에 그려져 있는 내용들을 설명해 주었답니다.

● **천상열차분야지도 각석은 어떤 내용을 담고 있을까요?**

　천상열차분야지도 각석은 고구려의 천문도를 수정해서 검은 대리석에 새겨서 만든 것이에요. 커다란 원 안에 적도와 황도를 원으로 표시했어요. 적도와 황도를 나타내는 원 안에는 계절에 상관없이 언제나 보이는 별들을 그렸어요. 별들은 밝기에 따라 크기를 달리했지요. 천상열차분야지도 각석에는 1,464개의 별이 293개의 별자리로 나타나 있어요. 천문도를 중심으로 위아래에는 천문도에 대한 설명과 천문도를 만든 사람들의 이름이 적혀 있어요.

● **천상열차분야지도 각석이 만들어진 과정!**

　옛날 사람들은 왕이 잘못하면 하늘이 노해서 백성들이 큰 피해를 입게 된다고 생각했어요. 그래서 왕은 별자리를 관찰해서 하늘의 뜻을 미리 알고 싶어 했어요. 그러다 보니 천문도는 왕의 상징이 되었지요. 고려를 무너뜨리고 조선을 세운 이성계는 백성들에게 왕으로 인정받기 위해 천문도를 만들기 원했어요. 때마침 고구려의 천문도 탁본을 바친 사람이 있어서 그 천문도를 바탕으로 천상열차분야지도 각석을 만들게 했답니다.

고구려 천문도 → 1247년 → 1395년

● **가장 오래된 석각 천문도는 무엇인가요?**

현재까지 전해지는 석각 천문도 중에 가장 먼저 만들어진 것은 중국 남송의 '순우천문도'예요. 그다음이 천상열차분야지도 각석이지요. 천상열차분야지도 각석은 1395년에, 순우천문도는 그보다 150년 정도 앞선 1247년에 만들어졌어요.

● **고구려 벽화에는 왜 별자리 그림이 많을까요?**

우리 조상인 고구려인들은 별자리에 특히 관심이 많았어요. 고인돌 무덤에 남아 있는 수십 개의 별자리 그림만 봐도 알 수 있지요. 그래서 별을 관측하는 뛰어난 기술과 별에 대한 깊은 지식을 가지고 천문도를 그렸지요. 천상열차분야지도 각석이 중국에서 전해진 것이 아니라 우리 힘으로 만들었다는 것은 별의 관측 위치로 알 수 있어요. 천상열차분야지도 각석은 고구려가 있던 북위 39~40도 지방에서 관측된 별자리 모양을 가지고 있어요. 그리고 우리나라에서만 보이는 별자리가 나타나 있으며, 중국의 천문도보다 별자리의 밝기가 더 정확하게 표시되어 있답니다.

15 사적 제125호
종묘

종묘는 무엇을 하던 곳일까?

　5월 첫째 주 일요일이에요. 아빠는 오랜만에 콧노래를 부르며 사진기를 챙겼어요. 뭔가 멋진 것을 찍을 생각인가 봐요. 훈이는 무작정 아빠를 따라나섰어요. 아빠가 이렇게 기분 좋은 날에는 뭔가 사 달라고 졸라도 선뜻 들어주시거든요. 그래서 훈이도 덩달아 기분이 좋아졌어요.
　아빠를 따라 도착한 곳은 종묘였어요. 사람들이 많이 모여 있었어요. 그중에는 아빠처럼 사진기를 들고 무언가를 기다리는 외국인도 있었지요.
　"아빠, 종묘가 뭐하는 곳이기에 사람들이 이렇게 많아요?"
　훈이는 아빠를 놓칠까 봐 아빠 손을 꼭 잡고 물었어요.
　"종묘는 조선 시대의 왕과 왕비의 이름이 적힌 위패를 모셔 놓고 제사를 지내던 곳이야. 말하자면 왕실의 사당인 셈이지. 조선을 세운 태조 이성계는 한양을 수도로 정했어. 그리고 한양에 궁궐을 짓기 전에 종묘와 사직단부터 만들었지. 사직단은 땅의 신과 곡식의 신에게 제사를 지내는 곳이야. 그 당시엔 왕실의 조상과 농사를 다스리는 신에게 제사를 지내는 것은 왕실이 해야 할 중요한 일이었어."

직접 종묘에 와서 아빠의 말을 들으니 역사가 생생하게 느껴졌어요.

"아! 그럼 오늘이 조선의 왕과 왕비에게 제사를 지내는 행사를 하는 날이구나!"

"맞아! 우리 훈이, 아빠 닮아서 똑똑하네?"

아빠는 훈이의 머리를 쓰다듬어 주셨어요.

"종묘에서 하는 제사를 종묘 제례라고 해. 조선 시대에는 일 년에 여러 차례 제사를 올렸지만, 요즘은 5월 첫 번째 일요일에 조상들이 했던

것처럼 종묘 제례를 올리지. 정전 가까이 가 볼까?"

아빠는 종묘 제례가 시작되기 전에 훈이에게 정전을 가까이에서 보여 주고 싶었어요.

"우아! 이 건물은 엄청 길어요!"

훈이는 입을 떡 벌렸어요.

"이곳이 바로 정전이지. 세월이 흐르면서 모셔야 할 위패가 점점 더 많아지는 거야. 그래서 서쪽에 영녕전을 짓기도 하고, 정전에 몇 칸씩 더 만들기도 했지. 정전에는 열아홉 칸에 왕과 왕비의 위패가 모셔져 있어. 정전은 그 당시 나무로 지은 건물 중에서 세계에서 가장 커다란 건물이야. 게다가 다른 나라에서는 찾아보기 힘든 길쭉하고 특이한 구조를 가지고 있어서 세계적으로도 중요한 가치를 가지고 있어."

아빠는 훈이에게 이런저런 것들을 이야기해 줄 수 있어서 조금 우쭐해졌어요.

"그리고 이쪽으로 와 봐! 여기 이 사당에는 고려의 왕이었던 공민왕의 위패가 모셔져 있단다."

아빠는 목소리를 굵직하게 깔면

서 설명했어요.

"아빠, 궁금한 게 있어요!"

"뭐든 물어봐! 아빠는 종묘에 대해서라면 모르는 게 없거든!"

아빠는 자신만만한 표정으로 말했어요.

"종묘는 조선 시대 왕과 왕비의 위패를 모시는 곳이라면서요? 그런데 왜 고려 시대 왕의 위패가 있어요?"

훈이가 말똥말똥한 눈으로 아빠를 올려다보았어요.

"그게 말이야, 아주 좋은 질문이야. 그러니까 그게 왜 그러냐면……. 아! 너 아이스크림 먹고 싶다고 했지? 갑자기 목이 마르네. 가게가 어디 있더라?"

아빠는 말을 돌리며 다른 곳으로 걸어갔어요.

"아빠! 그러니까 그게 왜 그런 거예요?"

훈이는 그런 아빠를 쫓아가며 계속해서 물어보았답니다. 도대체 왜 고려 왕이었던 공민왕의 위패가 조선 왕조의 위패와 함께 모셔져 있는 걸까요?

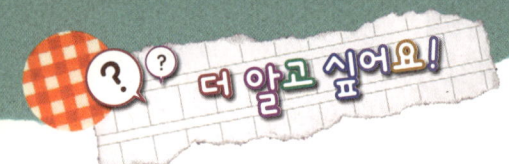

● **고려 공민왕의 사당이 왜 종묘에 있을까요?**

태조 이성계는 고려의 왕조를 무너뜨리고 조선을 세우기는 했지만, 정치적인 화합을 위해 고려의 정신을 이어 나가고자 했어요. 이성계는 특히 고려의 공민왕을 존경했어요. 공민왕은 원나라의 간섭으로부터 고려를 지켜 내려고 갖은 노력을 했기 때문이지요. 그래서 조상들이 모셔진 종묘에 자신이 존경하던 공민왕의 사당을 만들었답니다.

● **종묘 구석구석을 둘러봐요!**

종묘의 중심이 되는 건물은 '정전'이에요. 정전은 위패가 모셔져 있는 열아홉 칸의 감실과 양쪽에 여섯 칸의 협실이 있어요. 정전은 총 길이가 백 미터가 넘어요. 정전의 감실이 부족해서 세종이 새로 만들도록 한 '영녕전'이 있고, 공신들의 위패를 모시는 열여섯 칸의 '공신당'도 있어요. 그리고 악사들이 악기 연습을 하던 '악공청', 제사에 쓰이는 물건들을 준비하던 '전사청', 왕이 머물며 제사를 준비하던 '어숙실', 공민왕을 기리는 '공민왕 신당' 등이 있답니다.

● 종묘와 사직을 왜 중요하게 생각했을까요?

　조선 시대 사람들은 부모에 대한 효를 중요하게 생각했어요. 그래서 부모님이 돌아가신 후에도 정성껏 제사를 지냈지요.

　제사를 올리는 일은 왕실에서도 무척 중요했지요. 왕가의 조상을 모시는 '종묘'는 그만큼 신성하고 의미 있는 곳이었어요. '사직'은 땅의 신과 곡식의 신을 뜻해요. 대부분의 사람들이 농사를 짓던 조선 시대에 땅의 신과 곡식의 신에게 제사를 지내는 일은 조상에게 제사를 지내는 일만큼 중요한 일이었답니다.

　'종묘사직'이 왕실과 나라를 통틀어 이르는 말로 사용될 만큼 우리 조상에게 '종묘'와 '사직'은 무척 중요했어요.

● '하마비'는 무엇을 뜻할까요?

　옛날에는 자동차 대신 말을 타고 다녔어요. 하지만 태종은 조상을 모시는 신성한 곳까지 말을 타는 것이 예의에 어긋난다고 생각했어요. 태종은 신분이 아무리 높을지라도 그 앞을 지날 때는 말에서 내려서 걸어가라는 뜻으로 종묘에 '하마비'를 세웠답니다.

16 | 국보 제229호
자격루

시간을 알리는 자격루는 누가 만들었을까?

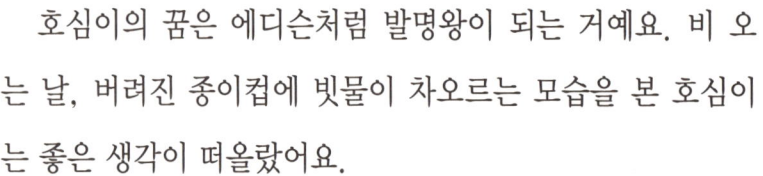

호심이의 꿈은 에디슨처럼 발명왕이 되는 거예요. 비 오는 날, 버려진 종이컵에 빗물이 차오르는 모습을 본 호심이는 좋은 생각이 떠올랐어요.

"비의 양을 재는 도구를 만들어야겠어!"

호심이는 발명 노트에 그림까지 그려 넣어 친구들에게 보여 줬어요.

"이거 어디서 본 것 같은데?"

"측우기 아냐? 세종 대왕 때 장영실이 발명한 거!"

"맞아, 측우기는 세계 최초로 우리나라에서 발명한 우량계잖아. 비의 양을 측정하는 우량계!"

친구들의 말에 호심이는 어깨가 축 처졌어요. 하지만 여기서 발명왕의 꿈을 포기할 순 없지요. 호심이는 발명 노트 속 그림을 보며 다짐했어요.

'반드시 측우기보다 더 멋진 것을 만들어야지!'

고민 끝에 호심이에게 또 좋은 생각이 떠올랐어요.

"물이 흐르는 성질을 이용해서 시계를 만들어 보면 어떨까? 모래시계의 원리로 물시계를 만드는 거야!"

호심이는 발명 노트에 이런저런 모양으로 물시계를 설계해 봤어요.

"물이 흘러서 다른 통에 쌓이면 그 통에 표시한 눈금으로 시간을 알 수 있을 거야. 야호! 나도 발명을 해냈다!"

호심이는 이번에야말로 훌륭한 발명품을 만들어 냈다고 확신했어요.

"얘들아, 이번에는 진짜 멋진 걸 만들었어. 봐 봐. 물로 시간을 재는 물시계야."

호심이는 자신 있게 노트를 펴서 아이들에게 보여 주었어요.

"물시계?"

"그래, 이게 바로 내가 세계 최초로 발명한 물시계야."

친구들은 고개를 갸웃하더니 말을 이었어요.

"호심이 너 자격루를 보지 못한 모양이구나! 자격루를 아는 사람이라면 너의 물시계를 보고 귀엽다고 할 거야. 자격루는 정말 대단해.

물을 이용해서 시간마다 소리까지 울리게 만들었거든."

친구들의 말에 호심이의 부푼 마음은 또 다시 뻥 터져 버렸어요. 호심이는 기운 없는 목소리로 물었어요.

"자격루를 만든 사람은 누구야?"

"장영실!"

아이들이 입을 모아 대답했어요.

"또 장영실이야?"

호심이는 측우기에 이어 자격루를 발명한 사람도 장영실이라는 얘기에 눈을 동그랗게 떴어요.

"응, 우리나라 발명왕 장영실! 너도 발명왕이 되고 싶다며? 그러면 우선 선배 발명가들에 대한 책을 읽어 보는 게 어때?"

한 친구가 말했어요.

"맞아! 발명의 기본은 공부지!"

호심이는 그날부터 발명에 대한 책들을 읽기 시작했어요.

"나도 장영실처럼 훌륭한 발명가가 되고 싶어!"

호심이는 장영실을 닮고 싶어졌어요. 에디슨보다 훨씬 앞선 세상에서 살았으며, 어려운 환경을 이겨 내고, 뛰어난 상상력으로 훌륭한 발명품들을 만들어 낸 장영실이 자랑스럽게 느껴졌거든요.

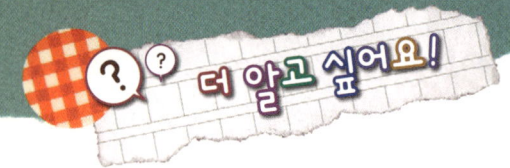

● **자격루를 만든 장영실은 어떤 사람이었을까요?**

장영실은 노비 출신이지만, 뛰어난 과학적 재능을 가진 인물이었어요. 세종에게 그 능력을 인정받아 노비 신분을 벗고 마음껏 연구할 수 있게 되었어요.

장영실은 우리나라 최초의 물시계 '자격루', 세계 최초의 우량계 '측우기'를 발명하였고, 휴대용 해시계인 '현주일구', 하늘의 움직임을 관찰하는 '혼천의' 등 수많은 과학적 도구를 완성하였답니다.

● **자격루의 복잡하지만 대단한 원리!**

삼단으로 된 물 항아리에 일정한 속도로 물을 흘려보내요. 마지막으로 긴 원통형 항아리에 물이 고이면 잣대가 떠올라 작은 구슬을 건드려요. 작은 구슬이 굴러가 큰 구슬을 밀고, 큰 구슬이 신호기를 건드리면 종, 징, 북이 울리면서 시간을 알리지요. 자격루는 매우 정교하고 치밀하며, 과학과 수학의 원리를 종합한 훌륭한 과학 문화재랍니다.

자격루를 어떻게 사용하였을까?

시계가 없었던 옛날, 사람들은 낮엔 해를 보고, 밤엔 달이나 별의 움직임을 보고 시간을 추측했어요. 하지만 이 방법은 날씨에 큰 영향을 받았지요. 그래서 세종은 장영실에게 자격루를 만들게 해 나라의 표준 시간을 알렸어요. 자격루는 세종 16년(1434년) 7월 1일부터 사용되었답니다.

어디에 가면 자격루를 볼 수 있나요?

1455년, 단종 때까지 사용되었다가 임진왜란 때 불에 타 없어졌어요. 현재 세종 때 만든 자격루는 모두 없어졌으며, 덕수궁 광명문 안에 남아 있는 국보 제229호는 1536년에 박세룡이 다시 만든 거예요.

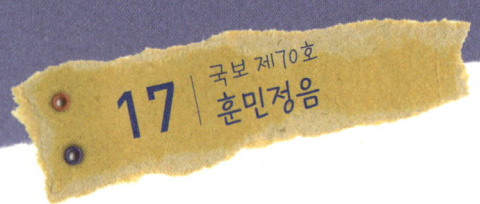

10월 9일이 무슨 날이지?

월요일 아침, 민희는 학교 가는 길에 유진이를 만났어요. 유진이는 지난주 영어 말하기 대회에서 대상을 받은 일로 아직까지 기분이 좋은가 봐요. 별로 친하지도 않은 민희에게 웃으며 말을 건넸거든요.

"굿모닝! 민희!"

"응, 안녕?"

유진이는 평소 영어를 많이 써요. 민희는 유진이가 지나치게 영어를 섞어서 사용하는 게 마음에 들지 않았어요. 오늘은 왠지 더 마음에 들지 않았어요. 그래서 새침하게 말했어요.

"너 어제가 무슨 날이었는지 아니?"

역시나 유진이는 잘 모르고 있는 것 같았어요.

"어제가 10월 9일이었지? 땡스기빙데이(미국의 추수 감사절)는 11월이니까 아니고……. 모르겠는데? 무슨 날이니?"

유진이가 되물었어요.

"한글날이잖아. 세종 대왕이 훈민정음을 세상에 알린 것을 기념하고, 한글을 연구하고 올바르게 사용하기 위해 정한 날이지."

민희가 차근차근 이야기했어요. 한국어 말하기 대회에 나갔다면 대상을 거뜬히 받았을 거예요.

"그런데? 쏘 왓?"

유진이는 별 관심 없다는 듯이 말했어요.

"후유!"

민희가 한심하다는 듯이 한숨을 쉬자 유진이는 기분이 상했어요.

"너, 내가 영어 잘해서 상 탄 게 샘나서 그러는 거지? 부러우면 너도 나처럼 평소에 영어 공부를 열심히 하란 말이야. 괜히 그딴 걸로 잘난 척하지 말고!"

유진이는 입을 쭉 내밀었어요.

"그딴 거? 그럼 한글날은 몰라도 유네스코는 들어 봤지? 유네스코에서는 글을 못 읽는 문맹자가 줄어들게끔 노력한 사람에게 상을 주고 있어. 그 상 이름이 '세종대왕상'이야. 한글을 만든 세종 대왕! 한글은 누구나 쉽게 배울 수 있게 만든 과학적이고 훌륭한 우리의 문화유산이야. 난 영어에 집착해서 우리글을 소홀히 해서는 안 된다고 생각해."

민희가 말했어요.

"그렇구나!"

잘난 척 말라며 입을 비죽이던 유진이가 어느새 고개를 끄덕이며 민희의 말에 집중했어요. 민희는 좀 이상했지만 자기가 알고 있는 걸 좀 더 자세히 이야기했어요.

"성북동에 있는 간송미술관에는 훈민정음 해례본이 있어. 훈민정음 해례본에는 한글을 만든 원리가 설명되어 있어. 정말 대단하지 않니? 민족 고유의 문자를 가진 나라도 드문데, 우린 설명서인 해례본까지 가지고 있으니 말이야. 내가 한글을 사용하는 민족이라는 게 정말 자랑스러워."

민희는 유진이를 바라보았어요. 그런데 유진이는 민희가 말하는 것을 열심히 수첩에 적고 있지 뭐예요.

"너 뭐해?"

민희가 물었어요.

"왠지 오늘 글짓기 시간 주제가 한글날일 것 같아서. 세종대왕상이랑 훈민정음 해례본에 대해서 쓰면 선생님한테 칭찬받지 않겠어? 헤헤, 땡큐! 아니, 고마워!"

유진이는 그렇게 말하고는 쌩하고 달려가 버렸어요. 민희는 유진이의 뒷모습을 보며 피식 웃었어요. 그런데 유진이는 훈민정음이 무슨 뜻인지는 알고 있을까요?

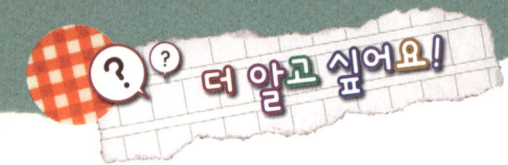

● 훈민정음의 뜻은?

훈민정음은 우리나라 글자를 부르는 말인 동시에 '백성을 가르치는 바른 소리'라는 뜻을 가지고 있어요. 또한 훈민정음 28자를 찍어 낸 책의 이름이기도 해요.

● 세종 대왕은 왜 한글을 만들었을까요?

우리나라는 한글이 만들어지기 전에는 한자를 사용했어요. 살아가기에 바쁜 수많은 백성들은 어려운 한자를 배우지 못했어요. 그래서 한문으로 된 문서를 읽지 못해 피해를 보는 경우가 많았어요. 게다가 우리말을 한자로 기록해 불편함이 많았지요. 그래서 세종 대왕은 백성들을 위해 배우기도 쉽고 우리말과도 잘 맞는 우리 고유의 글자를 만들었어요. 세종실록에는 '임금이 친히 28자를 만들었는데 초성, 중성, 종성이 모여 한 글자를 이루었다. 글자는 간단하나 모든 언어의 소리를 표현할 수 있다.'고 기록하고 있어요.

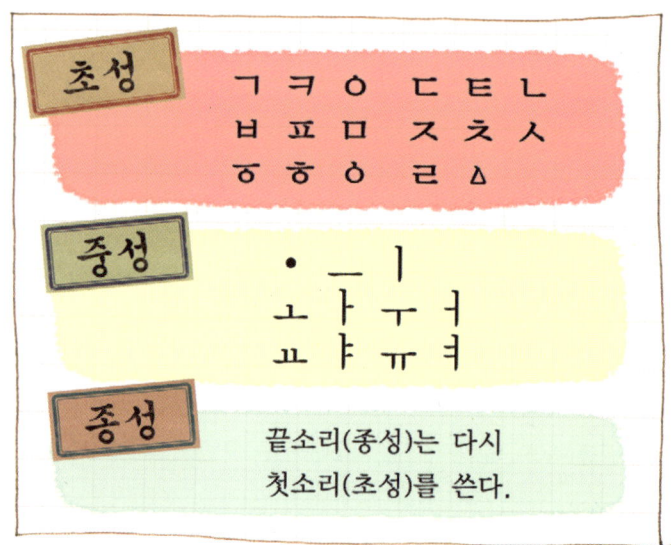

● 훈민정음 해례본은 어떤 내용을 담고 있나요?

　훈민정음 해례본은 훈민정음이 만들어진 원리와 사용법을 소개하는 해설서로, 줄여서 훈민정음이라고도 불러요. 성대, 목젖, 입천장, 혀 등의 발음 기관을 본떠서 만들었다고 기록하고 있어요. 세계의 여러 민족이 사용하는 수많은 언어 중에 훈민정음과 같이 문자의 원리에 대해서 자세하게 정리한 기록은 없답니다.

● 훈민정음 해례본은 어디서 발견되었나요?

　국보 제70호이자 유네스코 세계기록유산인 훈민정음 해례본은 1940년 경북 안동의 이한걸 가문에서 발견되었어요. 이 책은 이한걸의 조상 이천이 여진을 물리친 공으로 세종 대왕에게 직접 받은 것이에요. 그 후로 이천의 후손에게 전해지다가 지금은 간송미술관에서 보관하고 있답니다.

18 국보 제178호
분청사기 조화어문 편병

바닷가 마을을 떠난 도공들은 무엇을 만들었을까?

"우리 저기 검은 바위 있는 데까지 누가 먼저 가나 내기할까?"

호야가 친구들에게 말했어요.

"그래! 꼴찌가 짐 들어 주기다!"

아이들은 말 떨어지기가 무섭게 바다에 뛰어들었어요. 모두 열심히 헤엄쳤지만 호야를 따라잡지는 못했어요.

"내가 이겼다!"

호야는 신이 나서 소리쳤어요. 까맣게 탄 호야의 피부는 반들반들 도자기처럼 윤이 났지요.

호야네 집과 바닷가는 어린 호야가 오가기에 제법 떨어진 거리였지만, 호야는 날마다 친구들과 바닷가에 갔어요. 호야와 친구들은 해가 지기 전에 서둘러 집으로 돌아왔어요.

"다녀왔습니다!"

호야가 대문을 들어서며 인사했어요.

"또 바닷가에서 놀다 오니? 요즘 왜놈들이 시도 때도 없이 쳐들어온다고 하지 않던! 그렇게 가지 말라고 해도 말을 안 들으니, 원!"

어머니가 꾸중했어요.

"어서 짐을 싸거라!"

아버지가 어쩐 일로 집에 계셨어요. 가마터에서 도자기를 굽고 있을 시간인데 말이에요.

"짐을 싸다니요? 왜요?"

호야가 어리둥절하여 물었어요.

"왜놈들 때문에 위험하니 바닷가 마을 사람들은 모두 바다에서 멀리 떨어진 곳으로 가라고 하는구나."

어머니가 한숨 섞인 목소리로 말했어요.

아버지는 목숨처럼 아끼던 도자기들을 가마터에 두고 떠나야 했어요.

호야네 가족은 몇 날 며칠을 걸어 산자락에 있는 어느 마을에 도착했어요. 새로운 마을에서 일거리를 찾는 것은 쉬운 일이 아니었어요. 나라 분위

기가 어수선하여 백성들의 살림살이가 어려워졌지요.

호야네 아버지가 할 줄 아는 것이라고는 도자기를 만드는 일뿐이어서, 그곳에서도 가마를 만들고 도자기를 굽기로 했어요. 하지만 전처럼 멋스러운 청자를 빚기는 힘들었어요. 아버지는 할 수 없이 도자기의 겉에 하얀색 흙을 발라 마무리했어요.

"음, 청자를 좋아하던 귀족들이 어찌 생각할지는 모르겠지만, 우리 이웃들은 좋아할 것 같아요. 내가 내일 장에 나가 팔아 볼게요."

어머니가 아버지의 도자기들을 보며 말했어요.

다음 날 어머니는 함박웃음을 지으며 돌아왔어요. 가지고 나갔던 도자기를 금세 팔고 주문까지 받았지 뭐예요. 아버지는 까다로운 귀족들을 위한 도자기보다 백성들의 생활에 사용되는 도자기를 만드는 지금이 더 행복했어요.

하지만 호야는 나날이 말수가 줄어들었어요. 친구들과도 뿔뿔이 흩어졌고, 그렇게 좋아하던 바다도 볼 수 없었으니까요.

"물고기 먹고 싶다."

호야는 나물뿐인 밥상을 바라보며 힘없이 말했어요. 아버지와 어머니는 호야가 걱정스러웠어요.

어느 날이었어요.

"호야야! 여기 물고기 있다!"

아버지가 호야에게 무언가를 쑥 내밀었어요. 호야는 물고기라는 말에 눈이 동그래졌어요. 하지만 아버지가 내민 것은 물고기가 아니라 도자기였어요. 아버지가 만든 도자기 말이에요. 도자기에는 금세 팔딱거릴 것 같은 물고기가 그려져 있었어요. 호야는 비록 그림이지만, 물고기를 보자 바닷가에 있는 기분이 들었어요.

"아버지, 고맙습니다!"

호야는 아버지가 사랑으로 구워 낸 도자기를 품에 꼭 안았어요.

"아버지, 그런데 이 도자기는 청자랑 달라요. 어떻게 만든 거예요?"

호야는 아버지에게 물었어요.

"도자기에 관심이 생긴 게냐? 아버지의 뒤를 이어 도자기를 만들겠다고 하면 내 그 비법을 알려 주마!"

아버지가 웃으며 말했어요. 호야는 잠깐 망설였지만 이내 환하게 웃으며 고개를 끄덕였답니다.

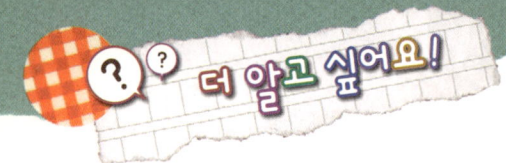

● 분청사기에 무늬를 넣는 방법은 뭐가 있을까요?

　분청사기는 귀족들의 수집품이 아닌 밥이나 국을 담는 그릇으로 사용되었어요. 실용적인 쓰임새만큼 그 모양이나 무늬도 자유로웠고, 만드는 방법도 여러 가지였어요. 표면을 판 후 색깔이 있는 흙으로 채워 넣는 상감 기법, 무늬를 도장으로 찍어 넣는 인화 기법, 하얀 흙을 바른 다음 긁어내서 무늬를 새기는 조화 기법, 철분이 많은 안료로 무늬를 그리는 철화 기법 등이 있지요. 분청사기 조화어문 편병은 조화 기법으로 만들어졌어요.

● 살 곳을 옮긴 도공들!

　강진과 부안은 바다와 가까워 외국에서 들어온 코발트를 구하기가 쉬웠어요. 또 흙도 도자기를 만들기에 알맞았지요. 그래서 강진과 부안을 중심으로 고려청자가 발전했답니다. 하지만 왜구의 잦은 침입으로 강진과 부안을 비롯한 바닷가 마을 사람들은 내륙으로 살 곳을 옮겨야 했어요. 그렇게 옮겨 간 도공들은 귀족들을 위한 고려청자 대신, 마을 사람들이 원하는 실용적인 도자기를 만들기 시작했어요. 그렇게 만들어진 것이 바로 분청사기예요. 분청사기는 소박하고 정겨우며 서민적인 아름다움을 가지고 있답니다.

분청사기 조화어문 편병은 왜 유명할까요?

분청사기 조화어문 편병은 국보 제178호예요. 앞뒷면에는 물고기를, 양 옆면에는 모란과 파초를 그려 넣었어요. 특히 앞면에 그려진 물고기 두 마리는 단순하면서도 생동감이 넘치게 표현됐어요.

편병은 어떻게 사용했을까요?

분청사기 조화어문 편병과 같은 '편병'은 자라병 또는 납작병이라고 불러요. 납작하고 둥근 몸통에 자라처럼 짧은 목을 가지고 있거든요. 편병은 물이나 술 같은 액체를 담는 데 사용했을 것으로 여겨져요. 납작한 모양이어서 끈에 매어 지니고 다니기에도 편리하지요.

19 | 사적 제3호
수원 화성

성곽을 어떻게 쌓는 게 좋을까?

우주, 바다, 태양이는 책을 무척 좋아해요. 특히 여러 권의 책으로 된 전집을 좋아하지요.

"야, 오늘 학교 끝나고 우리 집에서 모이자! 서른 권짜리 과학 전집 새로 샀거든."

태양이가 말했어요.

"정말? 집에 가서 엄마한테 허락 맡고 바로 갈게!"

우주와 바다는 신이 났어요.

태양이네 집에 모인 아이들은 거실에 있던 테이블을 한쪽으로 밀었어요. 그리고 책을 한 아름씩 가지고 나와 거실에 놓았어요. 새로 산 과학 전집은 물론 위인전, 학습 만화 전집까지 모두 가지고 나왔어요. 거실은 책으로 가득 찼지요.

사실 세 아이들은 책을 좋아하기는 하지만, 읽는 것보다는 책으로 쌓기 놀이 하는 것을 더 좋아해요. 책이 많을수록 만들 수 있는 것도 다양해지니 전집을 산 날이면 신이 나서 자랑했지요.

"엄마야!"

바다가 책을 들고 오다가 중심을 잃고 기우뚱했어요. 그 바람에 책 한 권이 툭 떨어지며 펼쳐졌어요.

"어, 이것 봐!"

우주가 책에 나온 사진을 들여다보며 말했어요.

"수원에 있는 화성 아냐? 차 타고 지나가면서 본 적 있어! 동양 최고의 성이라던데."

태양이가 말했어요.

"좋은 생각이 났어."

"우리 화성을 만들자!"

셋이 거의 동시에 말했어요.

수원 화성은 새로운 기술과 다양한 구조를 활용한 실용적인 성곽이에요.

셋은 열심히 책을 읽

화서문

서북공심돈

어 가며 화성을 만들었어요. 우선 동서남북 네 곳에 성문을 만들었어요. 팔달문, 장안문, 창룡문, 화서문 그리고 서장대와 동장대를 만들었어요. 장대는 장군들이 올라가 군사들을 지휘하는 곳이에요. 서장대는 화성에서 가장 높은 팔달산 꼭대기에 있어서 화성이 훤히 보여요.

"화성에는 공심돈이 있었대. 우리 그것도 만들자!"

태양이가 말했어요. 바다가 고개를 끄덕였어요.

공심돈은 망루와 포루 역할을 동시에 하는 독특한 시설물이에요. 그 안에서 주위를 살필 수도 있고, 벽에 총구가 나 있어 적을 공격할 수 있었어요. 우리나라에서는 화성에 처음으로 지어졌지요.

화성에는 연기나 불을 피워 다른 지역에 소식을 전하는 봉수대도 있어요. 화성의 봉수대는 3층 건물 위에 세워 무기를 보관할 창고와 봉수를 관리하는 사람들이 머물 수 있는 공간도 있지요.

"또 뭘 만들어야 하지?"

우주가 물었어요. 그러자 태양이가 책을 더 읽어 보았어요.

팔달문

장안문

"행궁! 행궁은 왕이 궁궐을 떠나 머물던 곳인데, 화성 행궁은 576칸으로 행궁 중에서 가장 크고 아름다웠대."
"뭐? 576칸? 우리는 그냥 열 칸만 만들자!"
바다가 알록달록 화려한 책들을 골라 행궁을 만들었어요.
"와! 완성이다!"
우주, 바다, 태양이는 책으로 만든 화성을 보며 무척 기뻐했어요. 그동안 만들었던 것과는 비교도 안 될 만큼 멋있었어요.
"책을 보면서 만드니까 더 멋지게 완성된 것 같아."
태양이가 화성에 관한 책을 들고서 말했어요.
"응! 그리고 화성을 쌓게 한 정조에 대해서도 더 알고 싶어졌어."
"그런데 정조는 왜 수원에 화성을 지으려고 했을까?"
셋은 잠깐 눈을 마주쳤다가 동시에 정조에 관한 책을 찾아보았답니다.

정조는 왜 화성을 만들었을까요?

정조는 나라와 백성을 위해 많은 업적을 세운 왕으로 유명해요. 수원에 화성을 쌓는 일에도 힘을 쏟았어요. 억울하게 죽은 아버지 사도 세자의 묘를 가까이에서 모신다는 것을 화성을 쌓는 이유로 내세웠어요. 하지만 진짜 이유는 수원에 새로운 도시를 세워 왕의 권력을 강화하고, 각 세력 사이의 다툼을 막으려는 것이었어요. 정조는 화성에 대한 기대가 컸어요. 그래서 자주 화성에 행차했어요.

〈화성성역의궤〉를 보면 화성을 만들 수 있어요!

화성을 만드는 과정이 자세하게 기록된 책이 있어요. 바로 〈화성성역의궤〉지요. 화성을 복원하는 데에도 이 책이 많은 도움이 되었어요. 옛날에는 나라에 큰일이 있으면 그 과정을 자세히 기록해서 후세에 도움이 되도록 했어요. 그러한 책들을 '의궤'라고 했지요. 〈화성성역의궤〉에는 화성의 설계도, 건축 방법부터 화성을 만드는 데 큰 역할을 한 정약용이 만든 장비까지 자세히 나와 있어요. 정약용은 정조의 총애를 받던 실학자로, 무거운 물체를 들어 올리는 거중기를 만들어 화성을 만드는 데 활용했어요.

화성은 어떤 특징을 가지고 있을까요?

수원 화성은 여러 가지 성곽 형식들 중에서 장점들을 모아서 만든 뛰어난 건축물이에요. 화성은 동양 최고의 성곽으로 꼽히고 있지요. 동양 성곽의 장점뿐 아니라 서양 성곽의 특징까지 드러나고, 뛰어난 방어 능력과 함께 예술적인 아름다움도 가지고 있어 세계문화유산으로 등록되었어요.

화성은 어떻게 이루어져 있을까요?

화성은 전체 길이가 6킬로미터 정도로, 아주 웅장해요. 자연적인 형태를 최대한 이용하였고, 성곽을 따라 4개의 성문과 40여 개의 진지와 누각 등이 적절하게 배치되어 있어요. 적과 싸울 장비와 군사를 배치해 두는 곳을 진지라고 하고, 주위를 살필 수 있도록 문과 벽이 없이 높이 지은 집을 누각이라고 한답니다.

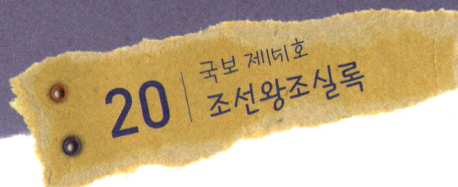

20 국보 제151호
조선왕조실록

세상에서 가장 긴 역사 기록은 뭘까?

"아유, 일기 쓰기 싫어!"

석이는 엎드린 채로 얼굴을 일기장에 푹 파묻었어요. 지금 텔레비전에서는 석이가 좋아하는 사극 '세종대왕'을 하고 있어요. 엄마와 아빠는 과일을 먹으면서 느긋하게 텔레비전을 보는데 석이는 일기를 써야 했어요. 엄마랑 일기를 쓴 다음에 텔레비전을 보기로 약속했거든요.

"엄마! '세종대왕' 보고 나서 일기 쓰면 안 돼요?"

석이가 엄마에게 애교 섞인 말투로 물었어요.

"안 돼! 약속은 지켜야지. 방에 들어가서 일기 쓰고 나와서 봐."

"아이 참! 그냥 여기서 쓸게요."

석이는 다시 고개를 숙였어요.

"일기는 도대체 왜 써야 하는 거야. 이렇게 힘들고 귀찮기만 한데! 일기는 아마 어린이를 싫어하는 사람이 벌칙으로 만들었을 거야."
석이는 투덜투덜했어요.
"일기를 쓰는 게 쓸데없다고 생각해?"
아빠가 물었어요.
"네! 일기 같은 건 없어져 버렸으면 좋겠어요!"
석이는 심통 난 목소리로 대답했어요.
"그랬다면 네가 좋아하는 드라마 '세종대왕'도 못 봤을 텐데? 우리가 조선 시대의 역사와 문화에 대해서 알 수 있는 것은 조선왕조실록 덕분이야. 우리가 좋아하는 사극들도 실록을 바탕으로 하는 게 많지. 우리 조상들은 왕들이 나라를 다스릴 때의 사회, 문화, 정치, 역사, 경제와 같은 것들을 기록하고 소중하게 보관해서 우리에게 물려주었어. 특히 조선 시대의 실록은 아주 잘 기록되어 있어서 우리가 당시의 상황을 비교적 정확하게 추측할 수 있는 거야. 조선왕조실록은 500여 년의 기록으로 세상에서 가장 긴 역사를 담고 있어."
아빠의 설명을 들으니 일기장이 다르게 보였어요. 우리 조상들이 후세를 위해 남긴 조선왕조실록처럼 소중하게 생각되었어요.

"이다음에 내가 어른이 된 다음에 이 일기장을 보면 재미있을 것 같아요. 시간이 지나며 잊혀진 사실들도 다시 기억해 낼 수 있을 거예요."

석이는 기분이 좋아졌어요. 기쁜 마음으로 일기장에 또박또박 일기를 썼어요.

'오늘부터는 일기를 좀 더 정성껏 쓰기로 했다. 그리고 나의 역사가 담긴 일기장을 소중히 보관할 것이다.'

석이는 일기를 쓰고 나서 부모님께 물었어요.

"그런데 자신의 역사를 기록하는 게 어른들한테는 필요가 없는 거예요?"

석이의 질문에 엄마와 아빠는 순간 말문이 막혔어요.

"그야, 어른들도 일기를 쓰면서 하루를 돌아보고 반성하기도 하고, 새로운 다짐을 할 수도 있고, 일기를 쓰면 좋지만 워낙 바빠서……."

아빠가 궁색한 변명을 늘어놓았어요.

"여보! 우리도 이제부터 일기를 쓸까요?"

엄마가 아빠에게 제안을 했어요.

"조, 좋지!"

아빠는 마지못해 대답했어요.

그날부터 매일 저녁 9시가 되면 석이네 가족은 나란히 앉아 일기를 썼어요. 처음엔 시큰둥했던 아빠가 가장 열심이었어요.

"나중에 우리 가족의 일기가 책으로 나올지도 모르겠네."

아빠가 뿌듯해 하며 말했어요.

그날 석이는 일기를 쓰며 궁금한 것이 생겼어요.

'조선왕조만 실록을 만들었을까?'

석이는 아빠에게 물어보려고 했지만, 잠이 쏟아져서 금세 쿨쿨 잠들고 말았답니다.

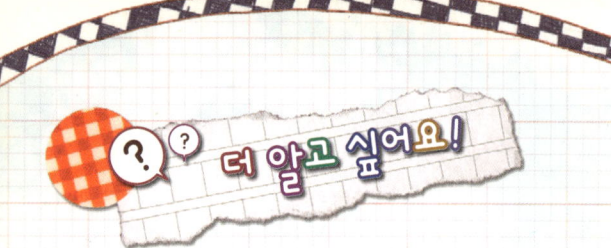

조선왕조만 실록을 기록했을까요?

실록이란 한 왕이 왕위에 있는 동안에 있었던 일들에 대해서 기록한 것을 말해요. 실록은 연월일 순서로 기록되어 있어서 중요한 역사적 자료가 되지요. 우리나라에서는 고려 시대 초부터 실록을 기록했지만, 안타깝게도 고려 시대의 것은 전해지는 게 없어요. 또한 중국과 일본, 베트남 등 이웃 나라에서도 실록을 기록했는데, 우리 조선왕조실록처럼 500년의 역사를 담고 있진 못하답니다.

조선왕조실록 만드는 과정!

공식적인 역사 기록의 자료가 되는 것을 사초라고 해요. 실록을 만들기 위해 역사를 기록하는 사관들이 왕을 따라다니며 사소한 것까지 적어 두었어요. 사관들은 사초를 매일매일 정리해서 춘추관에 보관했어요. 사초의 생명은 정확성이었어요. 그래서 왕을 비롯한 권력을 가진 사람들이 간섭할 수 없도록 사관 외에 다른 사람들이 사초 보는 것을 법으로 금지했어요. 왕이 죽으면 실록청을 만들어 사초를 바탕으로 다른 자료들을 더해서 여러 번 검토한 끝에 실록으로 만들었어요.

태조 1392　정종 1398　태종 1400　세종 1418　문종 1450　단종 1452

● 조선왕조실록은 분량이 얼마나 될까요?

조선왕조실록에는 궁궐 안에서 일어나는 일뿐만 아니라 궁궐 밖 백성들의 일까지 자세하게 기록하고 있어요. 500년 동안의 자세한 기록이니만큼 그 분량도 대단해요. 한문으로 된 원본은 1,893권이고, 한글로 번역한 것도 413권이나 돼요. 원고지에 옮겨 적어 쌓는다면 그 높이가 63빌딩의 세 배나 된다고 해요.

조선왕조실록은 조선을 세운 태조부터 시작해서 철종까지 472년의 역사적 사실들을 왕에 따라 기록한 것이에요. 철종 이후의 고종과 순종의 실록은 일본에 의해 왜곡된 것이 많아서 조선왕조실록에 포함시키지 않는답니다.

● 그 많은 실록을 어떻게 보관했을까요?

역사를 살펴보면 현재 일어나는 문제를 해결하는 데 도움이 많이 돼요. 비슷한 상황이 되풀이되는 경우가 많으니까요. 그래서 실록의 보관에도 무척 신경을 썼어요.

완성된 실록은 우리의 뛰어난 인쇄술을 이용해서 사본을 만들었어요. 그리고 중요한 서적을 보관하던 사고에 넣어 두었어요. 하지만 임진왜란을 겪으며 전주 사고에 있는 실록을 빼고는 모두 불타 버렸어요. 그래서 전주 사고에 있는 실록을 다시 인쇄하고 지방 곳곳에 사고를 새로 지어 실록을 보관했답니다.

125

찾아보기

감실	20, 47, 94	무영탑	37~38
강녕전	80	민흘림	70
거중기	118	배흘림	68~70
경덕왕	52~53	백운교	40
경복궁	78~79, 82~83	백제 금동 대향로	12, 14, 16~17
경회루	81, 83	범종	48~49
고분	6~7, 11~12, 16, 22	본존불	46~47
공민왕	92~94	봉수대	116
공신당	94	봉정사 극락전	70
공심돈	116	부석사 무량수전	66~71
광화문	79	부석사 소조 여래 좌상	71
교태전	80~81	분청사기 조화어문 편병	108, 112~113
구텐베르크	72~74	불국사	36, 38~40
귀솟음	68~69	비현각	81
근정전	79	사리	39, 41
금관	6~8, 10~11, 23, 76	사리감	16
금관총	7	사정전	79
금동 미륵보살 반가사유상	24, 27~29	사직단	91
금령총	7	사초	124
기	16	상감 기법	58, 112
누각	83, 119	서봉총	7
다보탑	31, 39, 41	서적원	77
만파식적	50, 52	석가탑	36~41
매화틀	82	석굴암	42~47
무구 정광 대다라니경	40, 74	석수	21~23
무령왕릉	18, 22~23	선덕 여왕	33

성덕 대왕 신종	48~53	직지심체요절	72, 74~77
세종	94, 96, 100~101, 103~107, 120~121	진지	119
수원 화성	114~119	창덕궁	83
순우천문도	89	창룡문	116
아미산	80	천마총	6~7, 11
악공청	94	천상열차분야지도 각석	84, 87~89
안허리곡	68	철화 기법	112
어숙실	94	첨성대	30~35
에밀레종	53	청운교	40
연화교	40	청자 상감운학문 매병	54~59
영녕전	92, 94	초조대장경	62
용뉴	49	측우기	96~98, 100
원강 석굴	46	칠보교	40
인화 기법	112	팔달문	116
자격루	96~98, 100~101	팔만대장경	60~65
자선당	81	하마비	95
장경판전	64	해인사	61, 63~65
장대	116	행궁	117
장안문	116	향원정	83
장영실	35, 96, 98~101	현주일구	100
전사청	94	호류사 금당 벽화	46
정약용	118	혼천의	35, 100
정전	92, 94	화서문	116
정조	117~118	화성성역의궤	118
조선왕조실록	120~125	황남대총	7
조화 기법	112	훈민정음	102~107
종묘	90~95	흥례문	79
주실	46~47		
지석	20~23		

Q. 사회 공부를 쉽게 하려면?

A. 통합교과 시리즈 참 잘했어요 사회 를 본다!

참 잘했어요 사회 시리즈는 초등 교과 과정에 맞춰 선보이는 통합교과 정보서입니다.
자세하고 정확한 정보를 꼼꼼히 골랐으며, 만화·인터뷰·동화 등을 활용해 다양하게 구성했습니다.
또 책에서 얻은 지식을 완전히 내 것이 되도록 돕는 워크북도 함께 실었습니다.

· 경기도학교도서관사서협의회 선정 '초등 개정교과 연계도서'
· 아이스크림 추천도서   · 학교도서관사서협의회 추천도서
· 한우리 독서토론논술 필독도서

글 **강효미 외** | 그림 **우연이 외** | 각 권 값 **10,000원**

● 이 책의 특징

✓ 하나 하나의 주제를 다양한 교과 영역에 접근하여 정보 전달력 Up!
✓ 둘   만화·인터뷰·동화 등이 골고루 담겨 있어 지루할 틈 Zero!
✓ 셋   배운 내용을 다지며 서술형 평가에 대비하는 워크북 Plus!

지학사아르볼